悦·读人生

On Russell
罗素

[美] S. 杰克·奥德尔（S. Jack Odell）◎著
陈启伟 贾可春◎译

清华大学出版社
北京

北京市版权局著作权合同登记号 图字01-2018-1983号

On Russell
S. Jack Odell

Copyright © 2014 by Wadsworth, a part of Cengage Learning.

Original edition published by Cengage Learning. All Rights Reserved. 本书原版由圣智学习出版公司出版。版权所有，盗印必究。

Tsinghua University Press is authorized by Cengage Learning to publish and distribute exclusively this simplified Chinese edition. This edition is authorized for sale in the People's Republic of China only (excluding Hong Kong, Macao SAR and Taiwan). Unauthorized export of this edition is a violation of the Copyright Act. No part of this publication may be reproduced or distributed by any means, or stored in a database or retrieval system, without the prior written permission of the publisher.
本书中文简体字翻译版由圣智学习出版公司授权清华大学出版社独家出版发行。此版本仅限在中华人民共和国境内（不包括中国香港、澳门特别行政区及中国台湾）销售。未经授权的本书出口将被视为违反版权法的行为。未经出版者预先书面许可，不得以任何方式复制或发行本书的任何部分。

Cengage Learning Asia Pte. Ltd.
151 Lorong Chuan, #02-08 New Tech Park, Singapore 556741

本书中文译文为中华书局许可使用。
本书封面贴有 Cengage Learning 防伪标签，无标签者不得销售。
版权所有，侵权必究。举报：010-62782989，beiqinquan@tup.tsinghua.edu.cn。

图书在版编目（CIP）数据

罗素 /（美）S. 杰克·奥德尔（S. Jack Odell）著；陈启伟，贾可春译. —北京：清华大学出版社，2019（2024.4 重印）
（悦·读人生）
书名原文：On Russell
ISBN 978-7-302-52545-5

Ⅰ.①罗… Ⅱ.①S… ②陈… ③贾… Ⅲ.①罗素（Russell, Bertrand 1872-1970）—哲学思想—思想评论 Ⅳ.① B561.54

中国版本图书馆 CIP 数据核字（2019）第 047123 号

责任编辑：刘志彬
封面设计：李召霞
责任校对：王荣静
责任印制：刘海龙

出版发行：清华大学出版社
网　　址：https://www.tup.com.cn, https://www.wqxuetang.com
地　　址：北京清华大学学研大厦 A 座　　邮　编：100084
社 总 机：010-83470000　　邮　购：010-62786544
投稿与读者服务：010-62776969, c-service@tup.tsinghua.edu.cn
质量反馈：010-62772015, zhiliang@tup.tsinghua.edu.cn

印 装 者：三河市东方印刷有限公司
经　　销：全国新华书店
开　　本：148mm×210mm　　印　张：5.25　　字　数：99 千字
版　　次：2019 年 5 月第 1 版　　印　次：2024 年 4 月第 3 次印刷
定　　价：35.00 元

产品编号：077068-01

罗 素

伯特兰·罗素（Bertrand Russell，1872—1970），英国逻辑分析哲学家，20世纪西方最著名、影响最大的学者和和平主义社会活动家之一。出生于贵族家庭，入剑桥大学师从怀特海学习，后任教剑桥大学，成为维特根斯坦的老师。在数学和哲学领域卓有建树。获选为英国科学院荣誉院士。1921年曾访华讲学，孙中山称其为"唯一真正理解中国的西方人"。著有《哲学问题》《西方哲学史》等。

哲学上，罗素最大的贡献是和弗雷格、摩尔、维特根斯坦、怀特海一起创立了逻辑分析哲学。认为通过将哲学问题转化为逻辑符号，哲学家们就能够更容易地推导出结果，而不会被不够严谨的语言所误导。

内容简介

本书首先简要介绍了罗素的生平经历，让读者了解其思想形成和发展脉络，而后则选择性地着重阐述罗素关于逻辑和数学的基础、意义理论、形而上学、伦理学等方面的思想，帮助读者准确把握其富有启发性和包蕴性的思想。

总序

贺麟先生在抗战时期写道:"西洋哲学之传播到中国来,实在太晚!中国哲学界缺乏先知先觉人士及早认识西洋哲学的真面目,批评地介绍到中国来,这使得中国的学术文化实在吃亏不小。"[①]贺麟先生主持的"西洋哲学名著翻译委员会"大力引进西方哲学,解放后商务印书馆出版的《汉译世界学术名著》的"哲学"和"政治学"系列以翻译引进西方哲学名著为主。20世纪80年代以来,三联书店、上海译文出版社、华夏出版社等大力翻译出版现代西方哲学著作,这些译著改变了中国学者对西方哲

---

① 贺麟. 当代中国哲学. 上海:上海书店,1945:26.

学知之甚少的局面。但也造成新的问题：西方哲学的译著即使被译为汉语，初学者也难以理解，或难以接受。王国维先生当年发现西方哲学中"可爱者不可信，可信者不可爱"，不少读者至今仍有这样体会。比如，有读者在网上说："对于研究者来说，原著和已经成为经典的研究性著作应是最该着力的地方。但哲学也需要普及，这样的哲学普及著作对于像我这样的哲学爱好者和初学者都很有意义，起码可以避免误解，尤其是那种自以为是的误解。只是这样的书还太少，尤其是国内著作。"这些话表达出读者的迫切需求。

为了克服西方哲学的研究和普及之间的隔阂，清华大学出版社引进翻译了国际著名教育出版巨头圣智学习集团的"华兹华斯哲学家丛书"（Wadsworth Philosophers）。"华兹华斯"是高等教育教科书的系列丛书，门类齐全，"哲学家丛书"是"人文社会科学类"中"哲学系列"的一种，现已出版88本。这套丛书集学术性与普及性于一体，每本书作者都是研究其所论述的哲学家的著名学者，发表过专业性很强的学术著作和论文，他们在为本丛书撰稿时以普及和入门为目的，用概要方式介绍哲学家主要思想，要言不烦，而又不泛泛而谈。因此这套书特点和要点突出，文字简明通俗，同时不失学术性，或评论哲学家的是非得失，或介绍哲学界的争议，每本书后还附有该哲学家著作和重要第二手研究著作的书目，供有兴趣读者作继续阅读之用。由于这些优点，这套丛书在国外是不可多得的哲学畅销书,不但是哲学教科书,而且是很多哲学业余爱好者的必读书。

"华兹华斯哲学家丛书"所介绍的,包括耶稣、佛陀等宗教创始人,沃斯通克拉夫特、艾茵·兰德等文学家,还包括老子、庄子等中国思想家。清华大学出版社从中精选出中国人亟须了解的主要西方哲学家,以及陀思妥耶夫斯基、梭罗和加缪等富有哲思的文学家和思想家,以飨读者。清华大学出版社非常重视哲学领域,引进出版的《大问题:简明哲学导论》等重磅图书奠定了在哲学领域的市场地位。这次引进翻译这套西文丛书,更会强化这一地位。现在越来越多的人认识到,在思想文化频繁交流的全球化时代,没有基本的西学知识,也不能真正懂得中华文化传统的精华,读一些西方哲学的书是青年学子的必修课,而且成为各种职业人继续教育的新时尚。清华大学出版社的出版物对弘扬祖国优秀文化传统和引领时代风尚起到积极推动作用,值得赞扬和支持。

张世英先生担任这套译丛的主编,他老当益壮,精神矍铄,认真负责地选译者,审译稿。张先生是我崇敬的前辈,多年聆听他的教导,这次与他的合作,更使我受益良多。这套丛书的各位译者都是学有专攻的知名学者或后起之秀,他们以深厚的学养和翻译经验为基础,翻译信实可靠,保持了原书详略得当、可读性强的特点。

本丛书共 44 册,之前在中华书局出版过,得到读者好评。

我看到这样一些网评:"简明、流畅、通俗、易懂,即使你没有系统学过哲学,也能读懂";"本书的脉络非常清晰,是一本通俗的入门书";"集文化普及和学术研究为一体";"要在一百来页中介绍清楚他的整个哲学体系,也只能是一种概述。但对于普通读者来说,这种概述很有意义,简单清晰的描述往往能解决很多阅读原著过程中出现的误解和迷惑";等等。

这些评论让我感到欣慰,因为我深知哲学的普及读物比专业论著更难写。我在中学学几何时曾总结出这样的学习经验:不要满足于找到一道题的证明,而要找出步骤最少的证明,这才是最难、最有趣的智力训练。想不到学习哲学多年后也有了类似的学习经验:由简入繁易、化繁为简难。单从这一点看,柏拉图学园门楣上的题词"不懂几何者莫入此门"所言不虚。我先后撰写过十几本书,最厚的有八九十万字,但影响最大的只是两本30余万字的教科书。我主编过七八本书,最厚的有100多万字,但影响最大的是这套丛书中多种10万字左右的小册子。现在学术界以研究专著为学问,以随笔感想为时尚。我的理想是写学术性、有个性的教科书,用简明的思想、流畅的文字化解西方哲学著作烦琐晦涩的思想,同时保持其细致缜密的辨析和论证。为此,我最近提出了"中国大众的西方哲学"的主张。我自知"中国大众的西方哲学,现在还不是现实,而是一个实践的目标。本人实践的第一步是要用中文把现代西方哲学的一些片段和观点讲得清楚明白"①。欣闻清华大学出版社要修订再版这套译丛,每本书都是讲得清楚明白的思想家的深奥哲理。我相信这套丛书将更广泛地传播中国大众的西方哲学,使西方哲学融合在中国当代思想之中。

赵敦华
2019 年 4 月

---

① 详见赵敦华. 中国大众的现代西方哲学. 新华文摘, 2013 (17): 40.

目录 Contents

总序

- 001 导论
- 1 007 罗素其人
- 2 019 逻辑、数学、哲学和实在
- 3 049 意义与语言
- 4 077 知识的范围与限度

5 099 | 身心问题

6 111 | 伦理学

7 133 | 上帝、宗教与生命的意义

参考书目 / 143

后记 / 153

On Russell —— 导论

与20世纪的许多重要哲学家不同，罗素是一位传统意义上的哲学家。有如亚里士多德，他谈论一切通常所谓的哲学问题。他影响最大的贡献是在逻辑、数学基础和意义理论方面，当然在知识论方面也著述颇丰。此外，他还有关于伦理学、人生意义、形而上学、政治和社会哲学以及哲学的性质和相关问题的著作。他也撰写属于科学哲学题目和现在自称为认知科学家的哲学家们所专注的题目的文章。

我将在本书中论述罗素对所有这些题目的观点，他与历史上重要的哲学家（柏拉图、笛卡尔和休谟），还有20世纪某些哲学家（维特根斯坦、穆尔、奥斯汀、斯特劳森和蒯因）的关系，尤其是罗素与这些哲学家在观点上发生冲突的地方。

有些论题是罗素在每本著作中都讨论的,而且是互相交织在一起的。例如,罗素是一位始终不渝的还原论者,也许可以说,他的主要成就是在哲学上发展了(如果不是开创了)分析的方法。这种方法的精义在于,认识事物本质的唯一途径就是通过分析将事物的宏观现象还原为它们的微观的实在这个假定。这个假定为化学和笛卡尔哲学所共有,而且是受其启发的。无可置疑,现代化学的惊人的成功显然就是这种还原的结果。笛卡尔的怀疑方法从人类存在的那些似乎是基于经验而又确实无疑的方面出发,将任何可疑的东西都看作不可靠的,而加以批判的严密考察。化学和笛卡尔哲学的这个基本的假定认为,事物远不是其所显现的那个样子。二者共同努力的结果就是,揭示出我们对诸如桌、椅、树、猫、鼠、蝙蝠等等世界上的物理对象的理解是虚幻的和引人致误的。

导论罗素认为,数学可还原为逻辑或从逻辑推导出来。他还认为,一切自然语言,尽管在结构上显然不同,但可被证明是以一种普遍的逻辑为根据的。既然他认为逻辑的结构可被证明是与世界的结构相符合的,所以他相信逻辑是哲学的最重要的工具。罗素与怀特海一道试图指出,数学的确可还原为逻辑或从逻辑推导出来。他又与维特根斯坦一道试图证明,自然语言是建立在一种普遍的逻辑之上的,而实在就反映在这种逻辑中。

虽然罗素相信他与怀特海以及维特根斯坦各自的努力都取得了成功,但他并不认为逻辑就等同于哲学。在罗素看来,哲学还包括其他重要的成分,那个成分就是神秘主义。

尽管表面上罗素是一位热烈的科学与逻辑的捍卫者,但是他几乎终生都对神秘主义有一种浓厚的兴趣,而且力图将神秘主义与他对研究哲学的科学和逻辑方法的忠诚调和起来。他在这方面最著名的力作是《神秘主义和逻辑》。在此书中他宣称,许多"作为哲学家的最伟大的人物",包括赫拉克利特和柏拉图,都感到

> 既需要科学,也需要神秘主义:使二者协调一致的努力乃是他们的生活之所在,而且对于某些人来说,也正是必然使哲学比科学和宗教都更伟大的东西,尽管这种协调的努力异常艰辛且把握不定。①

他不仅与其他哲学专家,而且与他的友人和情人共同具有并互相讨论这个观点。他与奥脱兰·毛雷尔夫人的情谊是他最持久的交往关系之一,其基础不单单是性爱关系,还有他们对神秘主义的共同兴趣。

罗素的一生很像他的哲学,饶有趣味而且独特无双,因此我将从他的生活小插曲讲起。由于哲学对于他具有极其重要的意义,而客观地讲他对哲学发展的贡献又是如此的重要,因此

我们接下来就讨论他关于逻辑和数学的著作并给予批判的解释。这样，我们就可以说明他的逻辑观是如何决定他的形而上学，并决定他对哲学的性质和重要性的看法的。对于罗素来说，这些课题的关系是如此之密切，要将它们各自独立地来讨论，几乎是不可能的。

罗素关于意义和语言的观点大致也像他对哲学和实在的观点一样，与他的逻辑观和数学观有着密切的联系。正因此故，我们将在其逻辑观和数学观之后讲述他的语言观和意义观。在讨论完他的知识论之后，我将简要地论述他对认知科学家圈子中的一个热点话题即心身关系问题的一些看法。接下来是他的伦理观。最后一章将包括他对上帝、宗教、人生意义和神秘主义的含义等问题的看法。

我将以大部分的篇幅谈论他对逻辑和数学的基础、意义理论和形而上学所做的贡献。我之所以这样做，是因为这些领域才是罗素最有独创、最具影响之所在。不过，我也将用较之人们通常付出的更多的时间谈他的伦理学。我这样做的理由是，我认为罗素的伦理学著作无论比他的批评者所认为的还是比他的辩护者所想象的都更富有创造性，更为言之有理。

注释：

① 罗素（1927），第16页。

1

On Russell ————— 罗素其人

伯特兰·罗素，昵称"伯蒂"，是世界现代史上最为独特、最具魅力的人物之一。他是数学家、哲学家、教育家、政治活动家、女权主义者、反共主义者、大英帝国的勋爵、特殊勋章获得者、诺贝尔奖得主、英国科学院荣誉院士和著作等身的作家。他差不多活了一个世纪（生于1872年5月18日，死于1970年2月2日），而且就在他逝世前的几个星期里，他仍很活跃。虽然身材瘦长而不健壮，但是他精力充沛，体力过人。有一件事可为证明，那就是他76岁那年，在险遇"水上飞船"撞毁事件（原来要在寒冷的北海登岸）之后竟得生还。飞船没有按正确的方位在水域降落，致使19名乘客丧生。他靠着游泳安然脱险。人们问他在游泳以求活命的时候有什么感觉，他简单地回答："冷。"这种典型的罗素式语言闻名于世。

他一生结过四次婚。他最小的一个孩子是在他66岁时生的。他第四次结婚时年已80岁高龄，他的妻子比他小三十几岁。他的小儿子康拉德记得父亲在95岁时行动还很敏捷，常常攀越在北威尔士的住宅阳台栏杆，欣赏落日余晖中的斯诺登群山。88岁时，他还参加核裁军群众大会并发表演说，与所谓"氢弹之父"爱德华·泰勒通过电视进行越洋对话。就在去世前两天，他还公开谴责以色列对埃及的轰炸，宣称以色列以埃及人过去的罪过为其轰炸的借口不过是一种伪善。

罗素的童年并不快乐。他生于特权阶级之家，但是不幸却成为他童年的特征。年仅两岁慈母去世，未及四岁又丧其父。父亲死后，他被送去与祖父母约翰·罗素勋爵夫妇一起生活。两年后祖父辞世，结果，他早年的教育和培养是在他祖母的指导下进行的。她是一位严厉的信教的女人。在彭布洛克宅邸同她在一起的生活是压抑的。那是充满了他后来提到时都会斥之为"愚蠢禁律"的一种生活。在彭布洛克宅邸，禁戒如此之多，使罗素变得很善于掩藏、隐瞒自己内心的冲动，而这是他毕生不得不竭力克制的。他的祖母很少给予他情感的慰藉，因此在罗素心中产生了一种难以满足的对于情爱的要求。他孤独之极，因而觉得自己与他人是疏远不和的。他一生都在寻找能满足他的情感需要的人。然而，他的需求太大了，很难有人能满足他。

祖母虔诚信教又坚持让他步其后尘，这使得罗素对宗教既信奉而又反叛。他的宗教信仰不是建立在理智的基础上的。罗素早年的宗教信仰反映着他祖母的宗教信仰，但是，他要摆脱祖母无理禁锢的要求养成了他那爱好探索、讲求理性的心志，最终使他抛弃了一切有组织的宗教形式。

　　罗素早年跟他哥哥弗兰克学习欧几里得几何学，这门学科激起他极大的兴趣，而且把他引向了数学和逻辑。但是直至28岁时，这种兴趣才促使他参加了1900年在巴黎举行的国际哲学大会。他后来把这一年说成是"我的理智生活中最重要的一年"[①]。在这次大会上，罗素与意大利逻辑学家和数学家皮亚诺相遇。皮亚诺已提出一种符号逻辑形式，罗素很快掌握了它。罗素随后在皮亚诺的基础上发展出自己的一套符号系统，并将皮亚诺逻辑推广到对关系的分析。这给很有影响的剑桥大学数学家和哲学家怀特海留下了深刻的印象，也促成了他们之间的合作，最后产生了《数学原理》（*Principia Mathematica*）。

　　《数学原理》是有关数学基础的著作中讨论最多、最有影响的一本书。尽管在1931年，本世纪最伟大的数学家之一哥德尔对它做了摧毁性的批判，但也没有改变这一事实。哥德尔能够证明，《数学原理》所引进以导出一切数论真理，并从而确证全部数学都可以从逻辑推导出来的那一套公理系统不可能避免不一致性，而且任何这样的公理系统都不可能避免不一致性。

然而，罗素和怀特海的合作毕竟为形式系统的各种惊人而意义重大的真理之发现和阐述提供了一个极其精炼而有启发性的论坛和出发点。

罗素早年的哲学作品受其剑桥老师华德和斯托特以及黑格尔派或绝对唯心主义者布莱德雷和麦克塔戈特的影响。他一度成为一个黑格尔派。他也受到他的朋友 G. E. 穆尔的影响。穆尔与罗素相识时是剑桥大学的一个攻读古典文学的很有抱负的学生，其哲学敏锐性给罗素留下深刻印象，最终被说服转向了哲学。后来，大概又是穆尔使罗素放弃了唯心主义的立场。穆尔在为《在世哲学家丛书》关于他的哲学那一卷写的思想自传中谈到第一次见到麦克塔戈特的情景。这次会面是在剑桥的一次茶会上，由罗素安排的。穆尔回忆说："……在谈话过程中，我们请麦克塔戈特解释一下他的'时间是非实在的'这一著名观点。我那时（现在也还是一样）一定是觉得这是一个极其荒诞的命题，因而极力加以辩驳。我并不认为自己辩驳得很好；但是我认为我辩得很顽强，而且发现我有很多不同的意见来驳回麦克塔戈特。一定是因为我在这种场合讲了如此这般的一些话，罗素才认为我有点哲学的才能。"②

他同一度是他的学生和同事而更多的是同事的维特根斯坦一起开创了20世纪上半叶两个被人们讨论得最广泛、影响也最大的哲学运动：逻辑原子论和逻辑实证论。虽然目前很难找到一个自称为原子论者或实证论者的哲学家了，但是罗素关于

"逻辑原子论"的论文和维特根斯坦的《逻辑哲学论》仍然是世界各地哲学系都在研读的著作。

鉴于英国缺乏一个足以实行其进步教育的学校,罗素和他的第二个妻子朵拉在1927年决定创办一所他们自己的学校,取名"灯塔山庄学堂"。他们拒绝对学生进行任何宗教的教育,因而禁止宣扬任何一种宗教信条。他们不偏袒任何一种宗教,认为一切宗教都不过是人们须加以研究和对比的历史的习俗手法。他们让孩子们享有相当大的自由去表现,容许他们嬉戏打闹,甚至可以光着身子做体操。虽然当时在英国教育中居支配地位的坚持传统的守旧派和新闻界不欢迎这所学校,但它还是值得重视的。罗素对它并不满意。他从未能在允许学生有过多的自由和加之以过多的管理之间找到一条亚里士多德式的中庸之道。

他的政治活动使他由于两种不同的原因而两度被捕和入狱。在第一次世界大战接近尾声的时候,由于致力于和平主义宣传,尤其是诽谤了美国,他被关进了监狱。他在为《法庭》这份报纸写的一篇社论(1918年5月18日)中提出,如果英国政府不接受德国的和平建议,那么战争状态的继续会引起遍及全欧洲的饥荒和暴乱。他宣称,这个事态会导致美国军队出驻英国和法国。罗素暗示说,正如它在美国镇压罢工者一样,美国的兵力很可以恫吓英国的罢工者。

罗素服刑六个月。他在监禁期间从事哲学研究。他在89

岁高龄时又一次被判入狱。这一次是因为他煽动民众以非暴力方式反对进行核战争。由于他年事已高,两个月的刑期被减为在监狱医院监禁两个星期。

终其一生,罗素是一位坚定的女权主义者。1906年,他参加了全国争取妇女选举权联合会(NUWSS),被选入联合会的执委会。1907年,联合会要求他为争取妇女选举权去竞选一个国会的席位。他同意这样做,因为他根本没有当选的可能,人们早就认为这个席位会被保守派或托利党的候选人得去。罗素不仅遭到男人的批评,而且令他意想不到的是也受到妇女们的抨击。但是他坚持了自己的立场,而且出乎人们意料的是,他比任何一个非托利党人士预期得到的选票都多得多。因此,在他此后的生涯中,罗素总是受到人们的信赖代表妇女去参加辩论。他谴责那种认为男人高于女人的观点,因为它不仅贬低了女人,也贬低了男人。他在许多社会问题上的立场远远超前他的时代。在大多数人对安乐死、废除死刑、性自由之类的观点还觉得难以想象的时候,罗素就已为之论证辩护了。

作为一个作家,他的作品之多是惊人的。他发表了几百篇论文,从为何不是一个基督徒到越南战争的罪行,各种题目,无不论及。他一生创作的作品数在3000种以上。几乎每天都在写作。除了写了许多书和难以计数的论文之外,他还经常与别人有书信往来。写信是他结交朋友和知己并保持友谊的一个手段。他在书信中比面谈能更好地表达对他人的感情。他也喜欢以日记的形式把自己的种种思想和情感记录下来。他的大量的书信和私人日记给我们留下了一份关于他内心生活独一无二的记录。这份丰富而袒露内心的资料使得罗素的传记作者能够明确地回答人们或许会提出的有关罗素对大部分话题的感受、信念、态度、动机和关切的任何问题。它也提供了一份关于他的兴趣、爱好、友谊、失败和罪过的详细记录。

  罗素在文学上也有其抱负。他一生中常常幻想自己是一个放荡不羁的小说家,跟一个随便什么样的女人一起住在一个亭子间里。1912 年他确曾与奥脱兰·毛雷尔夫人构思过一本名为《约翰·福尔司梯斯的困惑》的小说,但是并未着手撰写。小说的主角福尔司梯斯是一个浮士德式人物,是以小说的形式体现的罗素本人的理想。在小说中,福尔司梯斯与其他各个人物争论,这些人物都是关于人类存在之"真正"本性观的人格化,他们很可能代表着罗素自己思想发展的不同阶段。很遗憾,没有一位具有鉴赏力的人被这个小说所打动。伟大的小说家能够将我们生活中的日常事件戏剧化,深入书中人物的内心生活,他们的动机、恐惧、仇恨、忧虑等等,从而使我们能以独特的方式去看事物。罗素的小说则全然没有戏剧性,它的人物都是夸张做作、木然而无表情的。只有把它看作一个不同寻常的哲学论坛、一场学术辩论,才有可能得到人们的评价。

  罗素对他人常常有一种近乎病态的疏远感。这就造成了他生活中有一些难以忍受的孤独时刻。他经常在寻觅在理智和为人上都能与他彼此相容的人。但是当那些被他挑选来满足这些条件的人或者因为他的要求过高或者因为他太吹毛求疵而令他感到失望时，他首先的反应是陷入一种深深的沮丧状态。最后，他的沮丧演变为一种寻衅滋事，而有时则是怀有恶意的反击。他同奥脱兰、劳伦斯和维特根斯坦的关系是三个突出的例子。

或许因为奥脱兰对他总是有着性的吸引力，所以他在她身上发作的怒气和感到的失望往往很快就消退了。对于劳伦斯，他最初的尊重和敬畏变成了厌烦和憎恶。没有任何人比维特根斯坦更使罗素心烦意乱，萎靡不振。他对维特根斯坦的天才无时无刻不怀有畏忌之心。到了晚年，他对维特根斯坦的所谓"普通语言"哲学观的确深表怀疑。

对罗素影响最大的人毕竟是奥脱兰·毛雷尔夫人。罗素在自传中说，是她使他重新焕发了青春的活力。他们是一见钟情。奥脱兰被罗素的理智能力所征服。她在日记里说，她从未遇见过比罗素更具有吸引力的人，他有一种可以使人消除疑虑、穿透你的心灵的判断力。她提到有一个熟人曾把罗素说成是"最后审判日"。就罗素而言，他与奥脱兰是如此之情投意合，因而在好几年中曾力图说服她离开她的丈夫菲立普·毛雷尔，与自己结婚。她虽然并未听从罗素的恳求而与丈夫离异，但她至死不渝，是罗素的朋友和红颜知己。

罗素和奥脱兰的亲密友谊留下了大量的往来书信。那是一份极其珍贵的资料，包括许多有关罗素的人品和个性以及他对当代主要的作家、政治人物和知识分子的看法等。那也是他跟其他几个女人众多复杂纠葛的一份记录。在罗素和奥脱兰的热恋余烬未息时，有时无疑是意在极力激起她的嫉妒心，他向她讲述他和其他女人间许许多多、各种各样的情感纠葛。但是这种袒露并没有达到他所期望的效果。

只有当奥脱兰感到她可能会失去罗素的情爱时，她才会"萌动"嫉妒之心。在美国访问和讲学期间，罗素因为奥脱兰这位情人对他的态度一度深感沮丧，以致与一位年轻女子发生暧昧关系。她叫海伦·达德利，给奥脱兰写过信，谈到她和罗素的瓜葛。罗素用这个办法成功地重新唤起了奥脱兰对他的兴趣。但他不止于此，他还要达德利小姐跟他一起去英国，最后嫁给他，达德利小姐的确去了英国，但这时他对她却已完全冷淡了，被罗素抛弃使她受到严重的伤害，因而她继续不断地烦扰罗素。难以置信的是，他竟设法说服奥脱兰容许达德利同她住在一起。有一次，正当奥脱兰留住罗素家中之际，海伦也来到他门前，恳求让她进去，罗素拒绝了，于是她不断地在门上敲打。奥脱兰在日记里说这件事使她非常苦恼。但是从她给罗素的信可以看到，其实正是这种庸俗的事情才引起她的性感和激情。海伦最后放弃了，回了美国。罗素晚年时力图为他对海伦的做法辩解，说那是因为英国卷入第一次世界大战使他深受刺激之故。他声称，如果不是受到这个事件的干扰，他本来会跟她结婚的。但遗憾的是，他那时与奥脱兰的通信却告诉我们一个不同的远不能令他自我开脱的故事。

从心理上说，罗素因为对他人有一种疏远感而颇为苦恼。他常常感到孤独和局促不安。他一方面相信自己是一个重要的思想家，甚至觉得他会作为历史上最伟大的思想家之一而被人们铭记；另一方面他又因为对自己缺乏信心而感到痛苦，在这两者之间他犹豫不定。有一次，据说他指着摆列在都柏林三一学院图书馆走廊里的那些大思想家们的半身像，说有一天他的半身像也会同他们一起摆列在这里。

罗素有时也会对他的情人坦白承认，他正在考虑或者在他生活的不同时期曾经考虑过自杀。这种自供有许多可能是为了制造戏剧性的效果，意在消释其情人的怒气以博得其情爱。但是毫无疑问，有时他说这话确是认真的，至少这可以部分地说明他为什么那么认真地思考过有关人生意义的问题。

不论他有什么缺点，罗素是一位应当将他的半身像与那些大思想家们一起摆在三一学院图书馆里的人物。他是一位伟大的思想家，一个伟大的人。他的缺点不比大多数人的缺点多，但他的美德却超过大多数人。他具有理智的才能，思想的热情，无尽的求知欲，想理解宇宙和人在宇宙中的地位的愿望，对战争的憎恨，以及为了自己的信念而不怕坐牢的勇气。这些还只是他的许多美德的一部分。然而，使他出类拔萃的却是他的理智的才能。现在我们就来看一看罗素以其理智的才能取得的成果。

注释：

① 罗素（1943），第 12 页。

② 穆尔（1952），第 13 页。

③ 见克拉克（1998）重译《逻辑哲学论》及注释。克拉克使《逻辑哲学论》成为今日大学生可以读懂的一部著作。

④ 罗素（1968），第 3 页。

2

On Russell ——— 逻辑、数学、哲学和实在罗素研究现代逻辑的性质和为现代逻辑的发展所做的工作并不像莱布尼茨、皮尔士、布尔、康托尔、皮亚诺、弗雷格等人的工作那样富有革新性，但是他能够采纳他人的成果，并在怀特海的协助下发展出一套简化的形式技术。这套技术包含着他自己的重要贡献，而且提供了一种手段去真正阐明、拓展和表达那些先行者们的革新成果。他最早是在《数学的原理》（Principles of Mathematics）一书中阐述自己的思想的，之后与怀特海合作撰写了《数学原理》（Principia Mathematica）。

罗素在《数学原理》的序言中告诉我们，他们原打算将它作为《数学的原理》的第二部出版，但是它的篇幅大大超出了原计划，结果以一部独立的著作分三卷出版了。在书中他力图证明，我们分析数学就是将它归溯到逻辑。他此前就曾试图发展一种逻辑，通过这种逻辑可以把全部数学推导出来，而这种逻辑只包含数目尽可能少的若干定义和公理。他的这些尝试被他和怀特海在《数学原理》中得到的成功所替代了。他们成功地创造了一个较之任何先前的逻辑更丰富更强有力的逻辑。就他们和他们的同时代人而言，他们成功证明了逻辑和数学的连续性。

在罗素看来，逻辑和形而上学也是不可分的。在"逻辑原子论哲学"一文中罗素宣称要阐明"某种逻辑学说，并在此基础上阐明某种形而上学"。①他认为，哲学是我们可用以发现关于我们生活其间的这个世界的真理的最好的方法。如我们在序言中已经指出的，还原论和对笛卡尔"怀疑方法"的信奉是其以哲学为了解宇宙和我们自身的最佳手段的哲学观所固有的。像笛卡尔一样，他相信，只有通过对我们的信念进行批判的考察，把复杂的东西分解为最简单的成分，我们才可能获得真实的信念。《逻辑哲学论》的作者维特根斯坦在很大程度上也有这种哲学观，但是他由此而导致承认哲学的限度。这个认识最终使他抛弃了他和罗素曾经共有的哲学观。他对他们曾共同致力的工作所做的批判包含了他极有影响的后期著作《哲学研究》的精髓。在本章中，我将说明罗素应用其哲学方法所获得的结果，以及维特根斯坦的著作与罗素的关系。

罗素对哲学的性质和相关问题的看法、他的元哲学，与他的形而上学是分不开的。在罗素看来，哲学的本质在于说明事物的性质，而其最好的方法则是应用他所辅助创立的那种方法，即逻辑分析。罗素认为，哲学本质上就是逻辑。他的基本著作《我们关于外间世界的知识》一书的整个第二章"逻辑是哲学的本质"就是论述这个论点的。他首先解释他所谓"逻辑"一词的含义，因为就连哲学家们也很少在他所说的意义上使用"逻辑"一词。他考察和批判了亚里士多德、经院哲学、培根、伽利略、穆勒、黑格尔以及现代逻辑学家皮亚诺、布尔和弗雷格的观点。他这样概述他的研究结果说：

> 逻辑是由两个部分构成的。第一部分研究什么是命题和命题可能具有什么形式；这一部分列举出不同种类的原子命题、分子命题、全称命题，等等。第二部分包括某些最普遍的命题，这些命题断定所有具有某些形式的命题都是真的。②第二部分合并于纯数学，纯数学的命题经过分析全都转成这样普遍的形式真理。第一部分仅仅把形式列举出来，这是更困难、在哲学上更重要的部分；许多哲学问题之所以可能得到真正科学的讨论，就是由于近来第一部分所取得的进步，而非其他原因。③

罗素在"逻辑原子论哲学"一文中说，他要"提倡"的这种哲学是"在思考数理哲学的过程中"促使他采用的理论。按照罗素的看法，"当分析数学时，我们就把它完全回溯到逻辑"。……他由此提出了"某种逻辑学说，并在此基础上提出了某种形而上学"。④

厄姆森对罗素的纲领的解说比任何人都讲得更好更简明扼要，他说罗素：

> 认为整个数学及其一切复杂内容都可由之推导出来的一种逻辑必然是……一种能够把一切可精确地言说的东西表达出来的语言的适当的框架……结果是他认为世界本来就应该具有这种逻辑的结构，其语法与给人误导的自然语言的语法不同，是非常完善的。正如逻辑的词汇中有个体变项一样，世界亦当包含各种殊相（其名字为常项）作为逻辑外的词汇来替换这些变项；正如逻辑在其原初命题之间只须有一种外延的真值函项的联系词一样，世界亦当由独立的有外延联系的事实所构成；正如逻辑的技巧可以给比较复杂难解的数学概念以定义，从而使之成为理论上多余的东西一样，……我们也可以应用这一技巧来定义和消除世界储备中不太具体的事物。⑤

真值函项的逻辑方法是罗素和怀特海在《数学原理》中阐明和详述的,已成为20世纪大多数逻辑教本的典范。从任何一种教材中都可以看到对这种逻辑方法的详细表述。不过,要了解本书后面的内容必须熟悉真值函项逻辑,因而在此要对其要点做一简要的叙述。

逻辑是对话语进行分析和评判的一种形式的技巧。话语可分为简单的和复合的。最简单的一类陈述是将某种简单的特征或特性归属于一个简单的对象,例如,"那是一小块红色颜料"。如果我说这块颜料不是白色的,我只是把话说得稍微复杂一点而已。诸如"乔治是一个单身汉","天气寒冷"或"芬恩在纽约"之类的话,虽然不太简单,但仍然是挺简单的。这些语句和关于那块颜料的语句之间的区别仅仅在于它们的主词更复杂些。一块颜料远不如一个人或一种自然状态复杂,而后者又不如一颗行星或一个银河系复杂。然而,我们经常要说类如这样的一些事情:(1)"那个是白的,而这个是红的";(2)"或者天是寒冷的,或者天是暖和的";(3)"如果芬恩在纽约,那么他是没有什么乐趣的";(4)"我父亲死了,但我母亲还活着";(5)"单身汉和已达婚龄而未婚的男子是同义的"。这些陈述包含前面几类陈述的组合。它们的复杂性是关系性的,而不是结构性的。

事实上,陈述(1)——(5)可用来说明各种关系性的复杂情况。在例(1)中,我们既说一物是白的又说另一物是红的。逻辑学家称简单陈述的这种形式的结合为合取。它不同于（2），因为在（2）中我们只是说天是冷的或者天是暖的，但非两者皆是。这种关系通常称为析取。在例（3）中，我们断言，从某人在纽约这个事实可以得出他没有任何乐趣的结论。这种关系一般称为蕴涵。断言（5）是断定在单身汉和达到婚龄而未婚的男子之间有一种同一性。这种关系叫作等值关系。

　　这些关系性的复杂情况被称为"真值函项的"关系，意即它们的真或假是其成分的真或假的函项。如果一块颜料是白的，并且另一块颜料是红的，那么由此可以得出（1）所断言的情况是真的，但是如果有一块颜料并不具有被断言其具有的那种颜色，那么说一块颜料是白的并且另一块颜料是红的，就是假的。当然，如果这两块颜料都不具有被断言其具有的颜色，那么（1）也是假的。所有这些情形可以用所谓真值表来概括和表示，这是维特根斯坦创造的一个新方法。包含"它是白色的"和"它是红色的"两个简单陈述的这个例句所表示的东西，可以概括为关于任何两个这样的陈述的表达式，并用变项来表示。变项是占位符号。在上述情况下，它们是代表简单陈述的占位符号。如以"p"和"q"为变项，令"p"代表第一个陈述或合取肢，"q"代表第二个合取肢，则可用"p且q"来表达任何包含两个合取肢的合取句。如以"T"表示"真"，"F"表示"假"，则可得到下面关于合取的真值表。在例（2）中我们也可概括说，如果简单成分句或选言肢有一个是真的，则

（2）是真的，而仅当两个选言肢都是假时，（2）才是假的。合取和析取的真值表分列如下：

	p 且 q				p 或 q		
行 1.	T	T	T	行 1.	T	T	T
行 2.	T	F	F	行 2.	T	F	T
行 3.	F	F	T	行 3.	F	T	T
行 4.	F	F	F	行 4.	F	F	F

这些真值表所展示的是用"p"和"q"的符号形式表示的两个简单陈述所具有真值可能性。如有更多的合取肢或选言肢，则展示真值可能性所需要的行数也必增加。因为只有"真"和"假"两个真值，所以我们可以得出一个公式表明需要多少行来完全表述一个包含任意多合取肢或选言肢的合取或析取所具有的真值可能性。设"n"为合取肢或选言肢的数目，"2"为可能的真值的数目，则表示真值可能性的数目为 2^n。一个包含 3 个合取肢的合取陈述需要 8 行来展示其全部真值可能性。

虽然使用符号"p"和"q"代替简单命题或陈述，但我仍然保留了"且""或""非"等表示关系的语词。它们也可代之明符号。人们曾引进各种不同的记法来实现这种符号化的计划。罗素在皮亚诺记法的基础上提出的一套符号系统使用圆点表示合取，例如，将"p 且 q"完全符号化就变成"p·q"。还有其他一些符号被引进以表示其他关系，但我在此处将继续用语词来表示各种关系。

否定也是真值函项。如果 p 是真的，则非 p 必是假的。因为这里只有一个变项，所以只须用两行即可给出否定的真值表：

p 非 p

行 1.　　　T　F

行 2.　　　F　T

蕴涵或条件式和等值或双条件式则不像这样容易分析。后者可以用前者加合取来定义为：p 蕴涵 q，且 q 蕴涵 p，但是对蕴涵的分析则产生困难，这种困难也扩及双条件式。在合取的情形中，给定了 p 的值和 q 的值，则每行 p 和 q 的合取的真值都可推出来。如果 p 是假的，或 q 是假的，或二者都是假的，则 p 和 q 的合取是假的，如上面 2、3、4 行所见。下面我们看一看，把 p 蕴涵 q 的真值表上的值填上会是什么情形。

p 蕴涵 q

行 1.　　　T　?　T

行 2.　　　T　F　F

行 3.　　　F　?　T

行 4.　　　F　?　F

假定 p 蕴涵 q 意为如果 p 是真的则 q 是真的，那么结果必然是：不可能 p 真而 q 假，因而行 2 必然是假的。但是，仅从 p 和 q 都是真的（行 1）这个事实，我们并不能推出 p 蕴涵 q 或 p 不蕴涵 q。我既穿着洛弗衫又戴着领带，这是真的，但是显然穿着这一件并不蕴涵也带着另一件。譬如说，我刚好把洛弗衫脱掉了。行 2 表示的就是这样情况，意即一件事并不蕴涵另一件事。但是，从两个陈述都是真的这个事实，则显然不能得出一个不蕴涵另一个的结论。我的德国种牧羊犬是一条狗并且它是一只动物，这两个陈述都是真的，而且前者的确蕴涵后者。由此，也不能得出结论说，如果 p 是假的且 q 是真的（行 3），关于 p 是否蕴涵 q 的任何东西都能推出来。我们既已确定行 2 是可能的，我们就已知道穿洛弗衫并不蕴涵戴领带。但是行 3 所展示的真值可能性是否表明 p 不蕴涵 q 呢？不是的。我的马不是狗，但它是一只动物，这并不表示也不可能表示是一条狗并不蕴涵是一只动物。不过，有人或许认为，如果 p 和 q 都是假的（行 4），我们就可推断 p 不蕴涵 q。这个看法也不对。虽然 x 是一条狗的确蕴涵 x 是一只动物，但是说我的笔是一只狗或者是一只动物则是错的。我们是否从这些例子就得出结论说，蕴涵和双条件式不可能给以真值函项的定义？虽然"蕴涵"一词约定俗成的含义显然不适用于真值函项的分析，但是这无碍于逻辑学家使用这个词。一个真值函项关系所要求的只是给它以真值函项的定义。这就是罗素和怀特海在《数理原理》中所做的工作。他们将"p 蕴涵 q"定义为"非 p 或 q"。⑥为了将这个意义的"蕴涵"与通常所谓蕴涵区别开来，他们称这种蕴涵为"实质蕴涵"。这个定义并非全然任意的。它在某种程度上符合我们通常的蕴涵概念。我们可以理解和接受下面这个观点，即对是一条狗蕴涵着也是一只动物的另一个说法是说它不是一条狗或者它是一只动物。"非p或q"的真值表分析如下：

非 p 或 q

        *

行1.   F T T T

行2.   F T F F

行3.   T F T T

行4.   T F F F

        *

  上下均以"*"号标示的那一列是对该陈述的真值函项分析，这个分析是根据前面提出的析取式的真值表从非p的值和q的值推导出来的。那个真值表指出，仅当两个选言肢都是假时，"p或q"才是假的。在当前的例子中，第一个选言肢是非p（凡p为真时，它都是假的）；第二个是q。只有行2中当q也是假的时，非p是假的。在其他行中，非p和q或者此一为真或者彼一为真或二者皆真。我们现在可以将实质蕴涵定义为在真值函项上等值于"非p或q"，并在1、3、4行中用T代替问号。这正是罗素和怀特海在《数学原理》中的做法。他们这样做的理由是，他们以选言结构和否定式为其真值函项解释的基本式，并用它们去定义其他关系或演算。不过，我们也可以指定合取式和否定式作为基本式并以此定义其他关系。这样，蕴涵式或条件式就可以定义为"并非p是真的而且q是假的"。这个表达式的真值函项分析如下：

并非（p 且非 q）

	#			*
行1.	T	T	F	F T
行2.	F	T	T	T F
行3.	T	F	F	F T
行4.	T	F	F	T F
	#			*

上下以"*"号标示的那一列是括号内的表达式的真值表，是从"p 和 q"的真值表推得的，后者仅当 p 和 q 都是真的（行2）时才有为真的值。对整个表达式的最后分析是以"#"号标示的那一列给出的，这是从否定式的真值表推得的，因为它是以"*"标示的那些值的否定。凡是在"且"下面即以"*"标示的那一列中其值为真者，在其否定即在以"#"标示的那一列中则为假，反之亦然。请注意，否定式或"#"列中各值与被赋予蕴涵式的各值以及由此推得的"非 p 或 q"的各值是相同的。由此可见，实质蕴涵可被定义为不过是"并非（p 且非 q）"的一个缩略式。换言之，我们总是可以用否定式和合取式将一事蕴涵另一事的陈述用符号表达出来，它们的约定的意义有助于进行清晰的真值函项分析。请记住，如果 p 是真的则 q 必是真的，不过是以另一种方式说不可能 p 真而 q 假，即并非（p 且非 q）。双条件式或等值式现在可以用实质蕴涵和合取式给以真值函项的定义"p 实质蕴涵 q 且 q 实质蕴涵 p"，而这一

切又都可用否定式与合取式写作"并非（p且非q）且并非（q且非p）"。

对数理逻辑有了这点基本的了解，我们现在就能更好地领会罗素的形而上学——逻辑原子论了。在罗素看来，哲学家的任务是严格地应用逻辑或分析方法为科学和日常生活的世界提供一种说明。为此，哲学家必须确定什么是世界的究极的成分。他必须经过分析将世界的表面的复杂现象还原为其最简单的成分。逻辑原子论是罗素和维特根斯坦共同努力的结果。尽管他们各自所做的解释大有区别，但对于如何进行这种分析，以及它所针对和要解决的是什么种类的问题，两人却有共同的看法。

在"逻辑原子论哲学"一文的开头，罗素说他的方法是"原子论的"，因为世界是由众多各自独立的事物组成的，而不是像黑格尔主义者所主张的那样，世界仅仅是一个唯一的实在的种种状态和不真实的区分。他解释说，这些"原子"是"逻辑的"原子而非经验的和物理的原子。它们是通过逻辑分析而非化学分析揭示出来的。这些原子分为两类：殊相（颜色斑点、声音、瞬间的事物）和谓词或关系。逻辑分析被认为是我们获得关于我们生活其间的这个世界的真理的唯一方法。

罗素认为，我们的日常信念和根据这些信念而做出的断言是"极端含糊不清的"，但是逻辑分析可以本质上清晰而精确的信念代替这些含糊而不精确的日常信念。为了表达精确而不含糊的信念或命题，我们需要一种不同于普通语言而专为此目的构造的语言。这样一种语言被认为是一种"理想的"语言,但在罗素看来,它也是一种实在。他相信他和怀特海在《数学原理》中已经为这种语言提供了基本原理。仍有待完成的只是,勾画、描述、阐发可据以创造这种语言的词汇的那些原则。

为了制订一种摆脱自然语言特有的含糊性的语言,罗素认为我们必须给出一些意义严格固定而明确的术语。在细述这些术语必须具有什么特征之前,罗素说明他所谓事实的含义。事实是,无论我们怎样想它们都是其所是的东西,不依赖于我们对它们的信念。我们需要它们为我们的信念提供内容,而它们由我们对世界的断言来表达,并决定我们所说的话语是真的或假的。它们是由整个的语句而不是仅有一些名字来表达的。"当我们说某物有某特性,或者说某物与另一物有某关系时",我们就表达了一些事实,"但是具有这个特性或这个关系的事物并不是我所谓事实"。⑦

按照罗素的看法,有两类事实:特殊事实和一般事实。某一特定的感觉材料是白色的,这是一个特殊事实的例子。所有的人都会死的,这是一个一般事实的例子。他告诫我们不要以为能够"只用特殊事实就完全地描述了世界"。⑧他为这个论点提供了一个证明。他要我们设想已把宇宙间一切特殊事实都列举出来了。然后,他问我们是否有一个列全了一切存在的事实的完备的清单?罗素说不是的。我们的这张单子不会是完备的,因为它漏掉了它是完备的这个事实。为使这张清单完备,我们还必须加上这个一般事实，即所有特殊事实都包含在我们的单子里了。

罗素觉得，显而易见，这个论证并不是无可争议的。假设我把我的桌子最上一排中间的抽屉里放的所有物件开一张清单，做完这件事后说那个抽屉里的一切物件都已登记在单子上了，也许是对的，但是说这张单子是完备的，也同样是对的。无论我采取"这张单子是完备的"这个说法，还是采取"我的桌子中间那个抽屉里的所有物件都已被开列在单子上了"这个说法，并无任何区别。

但是，罗素辩护说，难道我们不能说"这张单子是完备的"实即意为"我的桌子中间那个抽屉里的所有物件都已被开列在单子上了"吗？当然，我们可以这么说，但是要怎样为它辩护呢？任何逻辑的或数学的原则都无法判定这个问题，因为它不是一个逻辑推论的问题。从经验上来讲，说后者实即意为前者，难道就不合乎情理吗？

罗素进而将逻辑上复杂的东西与逻辑上简单的东西区别开来，以便易于将复杂的东西还原为简单的东西，最后还原为最简单的元素，即殊相。他认为，常识的观点把我们赋予专名的大多数对象，例如苏格拉底、罗马尼亚、《第十二夜》、皮卡狄里大街等，都看做实际上是复杂的对象，是错误的。我们错误地假定诸如此类的对象是"结合在一起而具有某种统一性的一些复杂的系统，就是这种统一性使我们赋予这种复杂系统以简单的名称"。在罗素看来，诸如此类的复杂对象实际上并不存在。他断言它们不过是"逻辑的虚构"而已。⑨

以"皮卡狄里大街是一条舒适的街道"这个陈述为例。在这个陈述所描述的事实中是否有任何一个成分可以说是与"皮卡狄里"这个名字相符的呢？照罗素的看法，对这个问题的回答是：这个事实（不论其为简单事实还是复杂事实）中没有任何一个成分能为这个词所指称。尽管"皮卡狄里"一词"表面上是地球上某个地方的名字"，但是罗素告诉我们，要定义"皮卡狄里"，我们却"不能不把它定义为一系列物质的东西的类"。

换言之，如果我要你告诉我"皮卡狄里"这个名字指称什么东西，你大概会回答说，除了表示地球上的某个地方，它还指人行道、路灯杆和现在为许多商店、剧院等等所占用的一系列的建筑物。如果我要你说得更详细具体一些，你可以将这各家企业单位每一个都做一描述。这样一种描述是以各类对象来描述的。然而，这一系列的企业单位以及路灯杆、街道等等都是短暂无常的，今日立于此者已非昔日之所有。路灯杆会被毁坏而代之以另外的路灯杆。商店可能倒闭或失掉租赁的土地房屋，而为其他商店所取代。这就是罗素为什么说我们所谈的是关于一系列的类，其分子处于流动不居之中的一些类。

罗素认为，像类这样的抽象不指称任何对象，因而是不实在的东西，是一种逻辑的虚构。如果我问你波托迈克猎场有多少只猎犬，你可以把它们数一数。如果我问你在数猎犬有多少的时候你看到的猎犬有多少不同的颜色,如果你是一个喜爱猎犬者,你可能会说有两类不同的颜色,一类是淡黄与白色相间的,一类是三色的,但是没有黑色和棕色的。如果我要你指出或抚摸一只三色的猎犬,你很容易做到,但是如果我要你指出或抚摸三色犬的类,你会感到茫然不知所措。你可能会说类不是像一只只狗那样存在的。类是抽象。你可以将所有的三色犬都关进栏里,但是你怎样把一个类关进栏里或者用别的办法把它禁闭起来呢?

罗素以讨论"皮卡狄里"的同样的方法讨论人。在他看来,"苏格拉底"不过是他的一系列的经验,而且作为这样一系列的经验,"苏格拉底"乃是一个逻辑虚构。但是如哥德尔指出的,罗素所谓"存在"一词,其含义与我们通常所谓"存在"不同。照哥德尔所说,当罗素说这些事物不存在时,他的意思"只是说我们对这些事物没有直接的经验"。[10]

在一篇早期的论文"论指谓"(我在下一章中将论及此文)中,罗素认为"阿波罗"是一个伪装的摹状词。在这篇作品中,他把专名如"司各脱"与伪装的摹状词如"阿波罗"区别开来,从而给我们留下这样一个印象,即前者的意义就是它们所指称的对象。[11]现在他告诉我们,一切常用的专名都是伪装的摹状词,我们必须把通常的专名与逻辑专名区别开来。逻辑专名据说是意谓或指称简单对象或殊相的,而殊相与事实是截然不同的。在罗素看来,事实是真正复杂的对象。他说:

> 事实……显然是你要对世界做出完全的描述就必须加以考虑的东西。仅仅把世界上存在的各个事物列举出来并不能完全地描述世界。你还必须提到这些事物的关系，它们的特性，等等，所有这些都是事实，因此事实确实应归入对客观世界的描述，而且事实显然远比苏格拉底这样的事物复杂得多，更不可能通过解释而被消除掉……⑫

罗素通过定义"命题"一词继续进行分析，他把命题定义为由符号所组成，这些符号是"为了了解命题我们必须了解的"。除了命题的逻辑成分（"且""或""非""如果……则""当且仅当"，等等），罗素将组成命题的"符号的意义"定义为"事实的成分"。⑬他这样定义命题，犹如大多数哲学家定义语句那样，是特指语句类型，而非语句符号。语句符号是各种语句类型的实际的物理的实例。"这是白的"和"那是白的"，被认为是同一类型的不同符号或具体实例。"这是白的"这个命题或语句类型以它所描述的事实为其意义。"这"的意义是那个白色的事物，"白的"（white）的意义是"这"所指称的那个事物的白性（whiteness）。

罗素假定有一个事实的等级系统，由最简单的事实到更复杂的事实。罗素认为，最简单的事实是"某物有某性质的那些事实"，例如，命题"这是白的"所指涉的事实。另一最简单的事实是类如"这东西在那东西的左边"这样的语句或命题所指涉的那些事实。再就是类如"A 把 B 给 C"这样的语句所指涉的事实。这些事实被称为"单元的","二元的","三元的","四元的",等等,视其关系包含的项数为 1,2,3,4 或 n 而定。罗素说这整个等级系统"构成"他所谓的原子事实——最简单的一类事实。描述这些事实的语句被定义为原子命题。每个原子事实都包含一个成分即单元的、二元的、三元的等等关系和关系项即殊相。在原子命题中,表达关系的符号被称为谓词,表达或代表殊相的符号是逻辑专名。

分子命题是由原子命题组成的。分子命题,例如"这是白的并且那是红的","这是红的或是紫的","如果这是白的,则它是有色的"等等,被称为真值函项式。说它们是真值函项,如我们在研究符号逻辑时已经解释过的,就是说它们的真值是其组成部分的真值的函项。如果某个简单对象是白的,另一个简单对象是红的这两个原子命题是真的,则"这是白的并且那是红的"这个分子命题也真的。

罗素提醒我们注意,类如"罗素相信这是白的"这样的命题虽然似乎是由两个简单的部分即"这是白的"和"罗素相信它是白的"构成的,但它并非真值函项式,因为该命题的真值不决定于它的部分。"这是白的"是真是假与罗素之是否真的相信无关。因此,信念不可能被分析为两项关系。

罗素说,由于认识不到信念陈述不可能被分析为两项关系,

"使迄今有关知识论所写的一切几乎都归于无效,使谬误问题无法解决,使信念和知觉的差别无法说明"。罗素认为,像这样从应用逻辑分析方法而获得的发现表明,可以将"这种新逻辑"看做有如"伽利略带给物理学的那样一种进步","使我们终于能够看到哪些种类的问题是可以解决的,哪些种类的问题是超乎人的能力而必须丢弃的"。⑭

如前所见,罗素给予殊相的概念以极大的重要性。他将"殊相"一词定义为"原子事实的一个关系项",这并不是一个很简要的解释。为什么不给我们举出一个例子呢?罗素对此要求的回答令人困惑。他说:

> 关于你在现实世界中实际发现有什么殊相,这个问题是一个纯粹经验的问题,不会使逻辑学家本身感到兴趣。逻辑学家本身不提供实例,因为逻辑命题的一个标准就是,要了解它,你无须对现实有任何知识。⑮

不过,他稍后口气有所缓和,说普通语言中唯一可用作专名、为殊相命名的语词是诸如"这"和"那"之类的词,他进而解释它们的用途时举了一个殊相的例子:

> 我们用"这"作为一个名字代表我们此刻所亲知的一个殊相……仅当你很严格地用"这"代表一个实际的感觉对象〔感觉材料〕时,它才真正是一个专名。在这一点上,它作为专名有一个非常奇怪的特性,即在两个不同的瞬间它很少意指同一事物,而且对于说话者它所意指的与对于听话者它所意指的并非同一事物。⑯

罗素用以说明他所谓殊相的例子是,听众对他写在黑板上的粉笔圆点的感觉。正是在这里,罗素为后来他最赏识的门生维特根斯坦对他的驳斥埋下了种子。在罗素讲座后的提问时间,有一个叫内维尔的先生问道:"如果一个事物的专名'这'时时变易,如何能进行论证呢?"⑰换言之,如果罗素是对的,那么涉及殊相的一切论证都会犯一词多义的错误。凡是一个词在前提中采用的意义不同于为保证结论正确而必须具有的意义,就会犯一词多义的错误。例如:"既然新鲜的牛排是煎得嫩的(Since good steaks are rare.),可见它们必是难得找到的(It follows that they must be hard to find.)。"⑱如前所见,在罗素看来,"这"或任何其他的殊相名字的意义就是其指称的对象。⑲既然在罗素上举的例子中"这"所指称的对象是经常变动不定的,而且罗素也承认"这"的意义是含糊不清的,那么任何涉及殊相的论证岂不必然是站不住脚的呢?罗素对这个责

难回答说:

> 你可以使'这'持续一两秒钟。我写了这个圆点并且对它谈论了片刻……如果你争辩得很快,那么在它完结之前你还可以得到一点论证的机会。我认为事物就维持一段有限的时间,不过是几秒、几分或者无论多长的一段时间而已。[20]

首先,罗素使他写在黑板上的圆点和各位听众对它的感觉的区别变得模糊不清。你当然可以对黑板上的这个圆点继续谈好多分钟,甚至几个小时、几天、几个月,等等,就看你愿意谈多长时间了。但是罗素要求每个听众集中于自己对这个圆点的感觉。如果有人眨眼或者转移注意力哪怕只有一微秒的时间,那么这个人就不再是在指称同一事物或不再具有同一感觉了。正因此故,即使说得乐观一点,我们也难以想象一个人怎么可能对自己关于那个圆点的感觉进行论证而不含有歧义。例如,一个人怎么能知道在他力图提出一个正确论证的过程中他一直把注意力集中在同一个感觉材料上呢?他能求助于什么来证明他确实做到了这一点呢?难道我们能弄清楚实际做到集中注意同一感觉和仅仅对此有一种印象之间的区别吗?在维特根斯坦看来,这是做不到的,他认为在这种情况下我们"没有任何正确性的标准。人们也许要说,在我看来是对的东西就是对的。

而这不过表示我们在此处根本谈不上'对'"。

　　这是对维特根斯坦的著名的"私有语言论证"（此语不当，按本义应为反私有语言论证）的简要表述[21]。维特根斯坦的这个论证的一个结论是：用罗素的理想语言不可能达到交流的目的，任何一种私有语言都不具有合乎人们交流要求的特点，更不要说理想语言了！当我说"它是白的"时是指我自己的（私有的）感觉印象，你说这个话时是指称自己的感觉印象，那么我们就不可能是谈论同一个东西——我所意指者不同于你所意指者。如果这还不算太坏，那么更糟的是我甚至不能对我自己谈话。在罗素看来，即使我眨一眨眼，那也会使我的感觉场的内容有所不同。在我对自己说我的经验的对象是白的时，我所谈的可能并不是我想要谈的东西。我能总是肯定我正在思想或谈论的就是我意欲思考或谈论的东西吗？不能，即使我所思所谈的是一个私有的感觉印象，也不能肯定这一点。

　　如果不论及罗素最精巧、最微妙的理论之一——类型论，对罗素逻辑原子论的分析就不完整。这不是一个容易解释的理论，甚至怀特海对它都表示失望，在逻辑学家和数学家中间对它的性质也有很多不同的意见。我试图表述这个理论，这个表述与我对罗素和他人对它的各种说明的理解是一致的。

　　在《数学原理》中，罗素和怀特海试图通过将数还原为类而将数学还原为逻辑。按照这种看法，似乎可以外延地将类看做不过是一个对象集合的联合。但是，这种还原论却因一些悖论而受阻,这些悖论是从类的概念产生的。关于含有无穷多分子的那些类,我们怎么说呢?这样一个类的联合会是什么样子呢?构成零类的那些对象又是什么呢?难道它们是非对象(non-object)?然而,比这还糟的是下面这个事实:既然任何 n 个对象的类都可分为两个对象集合 2^n,可见即使 n 是无穷数,2^n 也大于 n。因此,如果我们假定 n 是事物的总数并且包括了由之组成的事物的总数,那么我们就会得到一个自相矛盾的结果,即存在的事物的总数大于它们的总和。为了更好地理解这个悖论,罗素让我们考虑一个包含 3 个分子 a,b,c 的类。我们要做的第一个选择是一项也不选。然后我们只选 a,又只选 b,再只选 c。然后我们选 bc,ca,ab,abc。我们现在有 8 种选择,这些选择在我们按照程序进行这种归纳之前就可以通过 $2n$ 这个公式加以确定,这里 n 表示项的数目。这个公式与我们用以确定构造真值表所需的行数的那个公式是相同的。罗素说:"一般地说,如果你有 n 项,你就可以做 2^n 个选择。"他由此得出结论说:"因此你会发现世界上事物的总数并不像能由这些事物组成的类的数目那样大。"基于这些理由,我们可以提出"一个非常精确的数学的证明,证明世界上所有的事物少于我们的哲学所能想象的事物"。㉒

这些考虑使得罗素放弃了可对类做外延分析的观点,而是内涵地把类看做能满足或例示命题函项的那些对象的类。人的类就是为函项"x 是人"提供真值的那些对象的集合。

这样一来，罗素就可以把关于类的陈述还原为关于相应的命题函项的陈述而将类消除了。但是这种还原论本身产生一些严重的困难。关于是自己的一个分子的类和不是自己的一个分子的类，就有一个需要认真思考的问题。对于像狗的类，这样普通的类，我们大概会说，这是一个并非自己的一个分子的类——狗的类并不是狗。然而我们来看一下由所有这样的类即不把自己作为一个分子包含在内的那些类所组成的类。正如我们已问过狗的类是不是自己的一个分子，我们现在要问所有不是自己的一个分子的类的类是否包含自己作为一个分子？这样就出现了悖论：如果我们假定它包含自己作为一个分子，这样它就是不包含自己为一分子的那些类中的一个。反之，如果我们假定它不包含自己作为一个分子，那么它就是不包含自己作为一个分子的那些类中的一个。无论哪种情况，我们都是自相矛盾的。

罗素考察的另一个悖论是艾庇门尼得斯悖论。克里特人艾庇门尼得斯宣称所有克里特人都是说谎者。罗素把这改写成这样一个问题："如果一个人做出'我在说谎'这个陈述，那么他是在说谎呢，还是不在说谎？"如果他是在说谎，那么那正是他说他在做的事情，因此他说的是真话而不是谎言。但是如果他说的是真话，那么他是在说谎，因而说的不是真话。㉓

为了克服这样的一些悖论，罗素提出了类型论。他最初是在 1908 年一篇题为"以类型论为基础的数理逻辑"的论文中提出这个理论的，在《数学原理》中加以改进，在"逻辑原子论哲学"中又做了进一步的阐释。在《数学原理》中，他解释命题函项的概念，说命题函项是"包含一个变项 x，并且 x 一旦被赋予一个值时，就表达一个命题的某种东西"。他又说命题函项"是含糊地指谓某个总体即函项诸值中的某一个的那个东西"。在罗素看来，由此可以推知，"这个总体不可能包括任何涵盖这个函项的分子，因为如果这样，它就会包括了涵盖总体的那些分子，而根据恶性循环原则，任何总体都不可能做到这一点"。㉔

罗素认为一个命题函项不可能包含自己作为一个分子，这个观点即所谓"简单类型论"，㉕ 为关于不是自己的一个分子的类的类的悖论提供了一个直接的解决方法。如果我们采纳简单类型论，接下来要考虑的是：说这样一个类包含自己作为一个分子究竟是真是假，这个问题本身就显得无意义。这个问题正如问一个装满弹子的口袋是否包括其自己一样是无意义的。

宣称自己说谎的人必须说明他是哪种类型的说谎者。如果他说"我在断言一个第一类型的假命题"，那么，照罗素的看法，他会断言一个第二类型的命题。既然他并不是在断言一个第一类型的命题，那么他就还是一个说谎者，而这也不矛盾。罗素说："同样地，如果他说他在断言一个第 30 000 类型的假命题，那应当是一个第 30 001 类型的陈述，因此他仍然是一个说谎者。"㉖

如莱辛巴哈所说，类型论是据以区别语言和元语言的基本原则。塔尔斯基虽然常被认为是这个区别的引进者，但是，照莱辛巴哈的看法，这"只是把类型论扩展为罗素本人已经预示了的一种关于语言层次的理论……"㉗罗素在为维特根斯坦的《逻辑哲学论》写的引言中说：

> 如维特根斯坦先生所说，每种语言都有一种结构，对于这种结构，我们不可能用这种语言说任何东西，但是可能有另一种语言论及第一种语言的结构，而其本身又有一种新的结构，而且语言的这个等级系统可能是没有限度的。㉘

关于对象语言和元语言的区别，我们可以从谈论一个对象和谈论这个谈论本身之间的区别得到最好的理解。我的狗是一只德国牧羊犬。我用上面这个句子所陈述的东西是关于我的狗苏吉的一个事实，我们称之为 S。假设我说我关于苏吉的陈述是真的，我们称这后一个陈述为 MS，我用这个陈述说的是关于我先前那个陈述 S 而不是关于我的狗苏吉的某种东西。正如类型论的情形一样，承认元语言就使我们不能不承认存在一个元语言的等级系统。例如，我可以说 MS 是真的，我们称这个陈述为 MSI，这是关于 MS 的一个陈述。陈述 MSI 是一个关于陈述 MS 的陈述，而 MS 是关于陈述 S 的陈述，而 S 则是关于苏吉的陈述。按照这个模式，我们原则上可以想象一个无穷系列的可能的语句。罗素的类型论被解释而产生一个元语言的等级系统时，就可用以解决各种不同的哲学问题。

用类型论解决哲学问题的一个例子是，解除了对实证主义的一个主要的驳难。按照卡尔那普[29]等实证主义者的看法，一个语句的意义是其证实方法，或者说：

○ 除非我们知道如何证实它，否则任何命题都不能被认为是有意义的。

但是，正如批评实证主义的人尖锐指出的，证实原则本身是不能证实的，因而它必然是无意义的。不过，如果我们像下面这样解释证实原则，我们就能排除这种形式的驳难：

○ 除非我们知道如何证实它，否则任何关于对象的命题都不能被认为是有意义的。

它不再是自指的。以这种方式加以解释，它是关于对象的命题或陈述之符合要求的一个标准，而不是一个关于对象的陈述。这并不是说，证实原则是真的或证明为正当的，而只是说它并不包含自我毁灭的种子。它不是自我否定的。为了证明它是可接受的，还必须提出其他的理由。[30]

如前面已指出的，维特根斯坦最后抛弃了他自己和罗素的哲学观。在《哲学研究》中他对他们共同致力的东西，包括逻辑原子论及其产物逻辑实证论，进行了篇幅很长的批判。我在下一章结尾在叙述罗素关于意义和指称的观点（维特根斯坦对这些观点也予以抨击）之后，将对维特根斯坦的批判加以说明。

注释：

① 罗素（1918），第 178 页。

② 罗素是指我们通常所称的论证形式。他用下面这个说法解释这个概念："如果任何事物具有某特性并且凡具有此特性的事物都具有另一特性，则该事物具有这另一特性。（第 15 页）"

③ 罗素（1929），第 52 页。

④ 罗素（1918），第 178 页。

⑤ 厄姆逊（1956），第 7 页。

⑥ 罗素与怀特海（1910），第 7 页。

⑦ 同上，第 302 页。

⑧ 在此处以及整个著作，罗素似乎都把"事实"和对事实的语言表达混淆了。描述是语言的东西，事实是被描述的东西。

⑨ 罗素（1918），第 191 页。

⑩ 哥德尔（1944），第 127 页。

⑪ 见下，第 33—36 页。

⑫ 罗素（1918），第 191—192 页。

⑬ 同上，第 196 页。

⑭ 罗素（1929），第 52—53 页。

⑮ 罗素（1918），第 199 页。

⑯ 同上，第 201 页。

⑰ 同上，第 203 页。

⑱ rare 在上句中是指牛排煎得嫩，但下句却就 rare 的另一含义（希罕的，难得的）推论说新鲜牛排难得找到。这就犯了一词前后歧义的错误。——译注

⑲ 对这类谬误的进一步讨论和其他例子，见本书第 60 页。

⑳ 罗素（1918），第 203 页。

㉑ 维特根斯坦（1958），第 258 节，第 92e 页。

㉒ 罗素（1918），第 260 页。

㉓ 同上，第 262 页。

㉔ 罗素（1910），第 39 页。

㉕ 对比"分支类型论"，分支类型论必需引进可还原性原理，并且产生一些我们不愿陷入的困难。对这个问题有兴趣的读者可从莱辛巴哈（1944），第 38—39 页入手。

㉖ 罗素（1918），第 262—264 页。

㉗ 莱辛巴哈（1944），第 39 页。

㉘ 维特根斯坦（1922），第 23 页。

㉙ 卡尔那普（1932）。

㉚ 关于人们为达此目的所做的努力以及对于类型论（就对象语言和元语言的区别来看的类型论）的这种应用的详细分析，见奥德尔和扎尔特曼（1982）。

3

On Russell —————— 意义与语言

在本章中，我将讨论罗素的意义指称论、摹状词理论，以及可以构造一种形式语言来避免自然语言所固有的模糊性的观点。本章还将阐述斯特劳森所提出的某些观点，人们广泛地认为这些观点是对罗素摹状词理论最有力的批评。最后，我将讨论维特根斯坦在《哲学研究》中所表达的一些观点，它们使人对罗素处理这些主题的方法产生了严重的怀疑。我将从分析罗素的摹状词理论开始，它出现在罗素 1905 年的论文"论指谓"中，这篇论文被许多哲学家看成是 20 世纪分析哲学的起源。

在"论指谓"（1905）中，罗素通过摆出三个矛盾，来面对指称这一主题。他把这些矛盾称为疑难,它们都起源于自然语言所固有的一些缺陷。而且,他声称,这些矛盾为哲学上的指称理论的充分性提供了一种检验的工具。他断言,就如同实验适合于科学的目的一样,这些矛盾也适合于逻辑学的目的——它们都是检验的工具。罗素认为,指称理论是通过解决这些矛盾的能力而得到检验的。他声称,他的理论即摹状词理论,通过提供所有这三个矛盾的解决方案通过了这一检验。①

这些疑难中的第一个可以用推理的形式陈述出来。该推理的第一个前提是替换原理。

○ (P1)假如"a"和"b"这两个项指称同一个事物,那么,在任何一个句子中,其中的一个总是可以被另一个所替换,同时却不会改变该语句的真值。

该推理的第二个前提是一个所谓的历史事实。这个事实说的是国王乔治四世对于瓦尔特·司各脱爵士的好奇心。

○ (P2)乔治四世想知道司各脱是否就是那个《威弗利》的作者。

第三个前提断言了关于英语的用法的一个事实:

- （P3）"司各脱"和"那个《威弗利》的作者"这两个表达式指称同一个人。

根据这三个前提，人们可以有效地推出如下结论：

- （C）乔治四世想知道司各脱是否就是司各脱。

这并不是乔治四世原先想要知道的东西。该结论是错误的，它似乎恰好摧毁了"有效性"这个概念。说一个推理是有效的，就等于声称它有一个有效的形式。说它有一个有效的形式，就等于声称当它的诸前提为真时，它的结论也一定为真。因此，罗素问道："为什么这个结论是错误的？"

第二个疑难与排中律联系在一起。它断言，"要么P，要么非P是真的"，或者换句话说，互为矛盾的命题不可能拥有同样的真值。尽管这是一个确立已久的且受人珍视的逻辑原理，但是罗素争论说，好像存在一些例外情况。试看以下这对相互矛盾的语句，它们当中的哪一个是真的呢？

- 目前的那个法国国王是秃头。
  目前的那个法国国王不是秃头。

根据罗素的看法，由于目前法国没有国王，因此没有任何东西既是那个法国国王，又是秃头、高个子、身材细长的、有智慧的，或者其他等等。断言他是别的什么东西，就等于作出了错误的断言，这就如同当一个人断言自己是秃头时，又断言自己不是秃头一样。但是，关于他不是秃头这个断言，情况又如何呢？根据排中律，该断言一定是真的。然而，根据同样的理由，即先前用来表明他是秃头这个断言为假的那种理由，就可得出他不是秃头这个断言也为假。由于目前不存在法国国王，因此不可能有任何东西既是目前的那个法国国王，同时又不是秃头。

三个疑难中的最后一个，与人们在否定某物的存在时所涉及的自相矛盾性有关。试看以下的语句：

（a）阿波罗不存在。

假如人们真的在陈述以下三个语句，他显然就是在作出一些真实的陈述。

（1）（a）表达了一个真实的命题。②
（2）（a）是论述阿波罗的。
（3）（a）在逻辑上等值于③下面这个句子。④
　　（b）不存在像阿波罗这样的事物。

但是，罗素认为，这些断言不可能无矛盾，因为假如（1）和（3）是真的，那么（b）就是真的，而由于不存在像阿波罗这样的事物，因此（2）一定是假的。另一方面，假如（2）是真的，那么（b）就是假的，而假如（3）同样是真的，那么（1）也将一定是假的。但是，假如（2）和（1）都是真的，那么（3）将一定是假的，因为这将引出这样的结论，即（a）和（b）拥有不同的真值。⑤

罗素解决这三个疑难的方案源于他的摹状词理论。他的洞见在于他认识到，由于受日常语言的诱惑，我们是以相同的方式看待诸多指谓表达式的。正是这一洞见促成了摹状词理论。我们把所有指谓表达式都看成了名称，而且我们把它们中的每一个都解释成了指称一个特定对象的名称，这个对象就是它们的意义。在一种适当的逻辑语言即理想语言中，我们绝不会受诱惑这么做的。所有名称都将是逻辑专名。就像我们在上一章中看到的那样，逻辑专名总是指称殊相。

按照罗素的看法，与专名不同，包括"目前的那个英国国王""目前的那个法国国王""一些人""所有人""在20世纪第一瞬间太阳系的那个质量中心"等在内的指谓短语，"它们自身绝不拥有任何意义"。相反，对于罗素来说，它们是不完全符号。在《数学原理》中，他把"不完全符号"这一表达式定义为"在单独出现时不被设想为拥有意义，而唯有放在一定的语境中才能对之作出解释的符号"。他接着说：

每当人们可以设想一个命题的语法主语不存在，同时又不会导致该命题无意义时，该语法主语显然就不是一个专名，那就是说，它不是一个直接代表了某个对象的名称。因而，在所有这类情况下，人们在对命题作出分析时，一定能够把作为语法主语的东西分析掉。⑥

在"论指谓"中，罗素提供了以下的例子来解释他对其摹状词理论的应用：

查理二世的那个父亲（the father of Charles）被处死刑。

根据罗素的看法，在分析这个例子时，必须认识到，尽管当某某人拥有几个儿子时，我们有时的确也会说某个人是某某人的那个儿子（the son of so-and-so），但是，"'那个'（the）一词，当它在严格的意义上被使用时，包含了唯一性。"罗素的分析是：

"对于 x 来说，这种说法即 x 生了查理二世且 x 被处以死刑，并非总是假的；而且，对于 y 来说，'假如 x 生了查理二世，那么 y 就是 x' 总是真的"。

这个分析可以简化为：

○ 　　有且只有一个 x，他生了查理二世，且被处以死刑。

在每一种情况下，这种分析都消解了"查理二世的那个父亲"这个确定的摹状词或者说指谓短语，因而也消除了这样一种幻觉，即：正在讨论中的这个短语是一个名称，它的意义就是它所指称的对象。为了充分领会摹状词理论的有效性，我们必须检验它在解决三个指称疑难时所表现出来的能力，其中的第一个疑难与乔治四世有关。

如果我们运用摹状词理论所提供的这种分析模式，可以发现我们的第二个前提是模糊的，因为它要么可以分析为（1）；要么可以分析为（2）：

○ 　　（1）有一个且只有一个事物写了《威弗利》，而且乔治想知道那个事物是否就是司各脱。
　　（2）乔治四世想知道是否有一个且只有一个事物写了《威弗利》，以及是否那个事物就是司各脱。

按照罗素的看法，把它解释为（1），就等于把初现（a primary occurrence）赋予了正在讨论中的这个摹状短语，而把它解释为（2），就等于把次现（a secondary occurrence）赋予了它。把初现给予一个摹状短语，就等于认定该短语拥有逻辑学家称作"存在的意义"的东西，即认为它使人承认了它的公认的所指物的存在。把次现赋予一个摹状短语，并不等于作出这样的承认。⑦对于罗素解决与目前的法国国王有关的那个疑难，这个区分具有重要的意义。但是在这里，它并没有什么意义。对前提（2）所作的任何一种解释，都能使我们领会到罗素的理论如何解决了与乔治四世有关的疑难。对这两种解释所作出的检验，都表明了这个令人头痛的表达式即"《威弗利》的作者"已经被消解了，因此，它不能用"司各脱"来替换。

　　罗素想让我们理解的是，这个疑难之所以存在，仅仅是因为自然语言的误导。自然语言欺骗了我们，而只有通过逻辑分析，我们才能清除这些混乱。先前看起来像一个名称的东西即"乔治四世的那个父亲"，结果表明并非如此。混乱的根源在于普通语言的句法，它把所有的名词性短语都看成是同一类东西。它们全都被当作指示词或名称。一种适当的句法即由罗素的逻辑所提供的那类句法，会在真实的指示词和不完全符号之间作出区分。在这样一种逻辑的或者说"理想的"语言中，类似于与乔治四世有关的那个疑难的疑难，甚至不会产生。

　　普通语言或者说自然语言的句法规则不承认，在"瓦尔特·司各脱是苏格兰人"和"《威弗利》的作者是苏格兰人"之间有任何形式上的区分。二者都是主谓式的表达式。罗素逻

意义与语言　057

辑中的句法规则认识到，它们在逻辑形式上是有相当大的区别的。前者是真正的主谓形式，并且它是在说某个谓语适用于当前那个名称所指称的对象；而后者却是一个伪装的存在断言，它实际上是在说：

○ 　　有且只有一个 x，x 写了《威弗利》并且是苏格兰人。

第三个疑难，即目前的法国国王这一疑难，可以通过应用摹状词理论而得到类似的解决。但是在这里，在一个摹状短语初现和次现之间的区分变得极其重要了。按照罗素的看法，当用摹状词理论所建议的方式来进行分析时，"目前的那个法国国王是秃头"这个语句就变成了：

○ 　　（S）有且仅有一个 x，x 现在是法国国王，且 x 是秃头。

然而，它的否定形式即"目前的那个法国国王不是秃头"却会产生歧义。视赋予"目前的那个法国国王"这个摹状短语以初现还是次现，它可以经受下述两种分析。如果它被赋予初现，这个语句就变成了：

- 并非（Spo）：有且只有一个 x，x 现在是法国国王，且 x 不是秃头。

根据罗素的看法，由于目前不存在法国国王——无论他是秃头还是非秃头，所以（S）和并非（Spo）都是假的。⑧而且，尽管排中律似乎不起作用了，我们也无须担心。因为，根据罗素的看法，当我们赋予"目前的那个法国国王"这个摹状短语以次现时，我们就得到了：

- 并非（Sso）：以下情况是假的：有一个 x，x 现在是法国国王，且 x 是秃头。

按照这种方式来解释，"目前的那个法国国王是秃头"的否定式就是真的了。依罗素的看法，这种解释是"目前的那个法国国王是秃头"的真正的否定式；而且，按照这种方式，排中律就被保存下来了，我们的矛盾也解决了。

第一个疑难即涉及否定的存在断言的那个疑难，似乎并不适合于通过摹状词理论来解决。所讨论的那个句子即"阿波罗不存在"，不包含任何确定的摹状词。这里，我们又一次受到了假象的迷惑。在罗素看来，这是一个典型的例子，它解释了自然语言是如何能够欺骗我们的。就普通语言来说，所讨论的这个句子是主谓式，它与"芬恩是非哲学家（nonphilosopher）"没有任何重要的不同。从普通语言的观点来看，在这个例子中，所要断言的主项是我的孙子，而谓词是"是非哲学家"。由于芬恩的年龄只有 10 个月，所以可以把"非哲学家"这个谓词归属于他。类似地，由于阿波罗——一个虚构的神——实际上并不存在，所以也可以把"非存在"（non-existence）这个谓词归属于他。但是一个非存在的事物怎么能成为某种事物呢？

解决这个疑难的办法，在于《数学原理》中的那种完善的语言。这种逻辑上完善的语言体现了康德的名言：存在不是一个谓词或性质。与弗雷格一样，罗素的分析把存在看成了命题函项的一种性质或属性。说一个命题函项存在，就等于说它被具体化了。根据定义，由于逻辑专名就是用来命名当下出现的东西的，所以，断言它存在纯属多余的事情；而否定它的存在，就自相矛盾了。普通的专名并不指称仅仅能在当下出现的东西。按照罗素的看法，它们实际上是假扮成专名的摹状词。对于罗素来说，它们就是林斯基所提到的伪装的摹状词。[9]现在，我们就能够理解罗素对于涉及否定存在的这个疑难的解决办法了。"阿波罗"是一个经过伪装的摹状词。这个摹状词隐藏在普通语言的面具之下。通过查阅古典文学词典，它的本来面目就展现出来了。根据罗素的看法，这个摹状词也就是"那个太阳神"（the sun-god）。在（a）中，当用这个摹状词来代替"阿波罗"时，就产生了：

(a) 那个太阳神不存在。

这就等于说：（a）并不是关于一个非存在的实体的，它实际上是否认某个东西能够使"是一个太阳神"这个命题函项具体化。由于罗素坚持认为，尽管（1）和（3）是真的，但（2）一定是假的，所以，他现在就有能力去解决我们的二难推理，即涉及（1）（2）（3）不可能全真的那个二难推理。（a）并不是谈论珀加索斯的，相反，它却是关于正在讨论中的这个命题函项的非具体化的。

在此后的30多年的时间里，罗素的摹状词理论一直未曾遭受挑战。它被拉姆齐誉为"哲学的典范"。这是对罗素才智的惊人的赞美。绝大多数哲学理论如果在公布之后的几小时之内没有遭受攻击的话，那也会在几天内遭受攻击。对于这一思想即存在只能被看作是命题函项的属性，G. E. 穆尔于1936年表示了严肃的反对。但是直到1950年，P. F. 斯特劳森才对这种理论进行了总攻击。

穆尔同意弗雷格和罗素的这一看法：关于"存在"（exist）一词，有着这样的一些用法，即这个词项"并不代表一个对象或个体的属性"。尽管由"某些驯虎咆哮"及"某些驯虎存在"所表达的两个命题似乎都把某些属性归于了驯虎，但这里存在着一个重要的差别。前者可以说断言了这样的情况：存在着变项 x 的一些值，它们使是驯服的和是某种会咆哮的事物这两个属性具体化了。但是后者就不能被认为断言了以下情况：存在着变项 x 的一些值，它们使是驯服的和是存在的这两个属性具体化了。穆尔承认，这样的断言是胡说八道。然而他还是不愿意承认这一点：关于"存在"一词，不存在这样的一些用法，即它代表一个对象的性质或属性。

罗素声称，把存在这一属性归于专名所指称的事物是无意义的或者说是令人费解的。依穆尔的看法，罗素的这一主张是错误的。穆尔提醒读者：关于逻辑专名，罗素所举的主要例子是"这"（this）。然后，穆尔让我们把注意力集中在"这存在"这个句子上。他认为，在那些可以恰当地说"这是一只驯虎"的情况下，也可以恰当地指着所提到的这个对象并且说"这存在"；其理由是，"关于这样的对象，你可以明确地并真实地指出'这在以前或许并不存在'"。除非"事实上这的确存在"这个句子也是真的，而且"这存在"这几个语词因此也就是有意义的，否则的话，穆尔就无法理解"这在以前或许并不存在"这个句子如何可能是真的。⑩

斯特劳森在 1950 年断言，罗素的摹状词理论仍然被逻辑学家们广泛地接受，认为它对普通语言中这类表达式（确定的摹状词）的用法给予了正确的描述。但是，根据斯特劳森的看法，"如果这样来看待的话，这个理论就体现了某些根本的错误"。⑪

正像我在前面所指出的那样，罗素时常交替使用"语句"

和"命题"这样的词。他也时常使用它们来标志一个符号表达式与该符号表达式所表达的东西之间的区别。包括弗雷格在内,绝大多数哲学家都认为,命题就是符号表达式所要表达的东西。依照斯特劳森的看法,罗素的根本错误在于,他要么没能把语句、要么没能把语句所表达的东西(即它们的意义),与在特定的场合、由特定的人对一个语句的使用区分开来。[12]斯特劳森认为,只有这样的使用(陈述)才有真、假可言。或者,换一种不同的说法:谓词"是真的"和"是假的"只能够被归于陈述。它们不能被归于语句或语句的意义(命题)。为了举例说明他所提出的反对意见,斯特劳森把注意力集中在与目前的法国国王有关的那个疑难上。他要求我们思考"目前的那个法国国王是聪明的"这个句子,并要求我们注意到下面的话:

> 如果一个人在路易十四统治时期说出了这个句子,而另一个人在路易十五时期说出了这个句子,那么可以很自然地说(假定)他们是在谈论不同的人。而且可以认为,第一个人在使用这个语句时作出了一个真实的断言,而第二个人在使用这同一个语句时作出了一个虚假的断言。另一方面,假如两个不同的人在路易十四统治期间同时说出了这个句子……,那么可以很自然地说(假定)他们都在谈论同一个人;而且在那种情况下,当他们在使用这

意义与语言 063

个语句时,他们要么都作出了一个真实的断言,要么都作出了一个虚假的断言。[13]

为了反对罗素,斯特劳森要求我们明白,意义是"(a)"这类语句以及"目前的那个法国国王"这类表达式的一种功能,而指称是真或假则是这类语句或表达式的使用的功能。他认为,提供一个表达式的意义就等于提供了"关于如何用它来指称或提到某些特定对象或人物的一般指导",提供"一个语句的意义,就等于给出了关于如何用它来作出真实断言或虚假断言的一般指导"。对斯特劳森来说,一个语句或表达式是否拥有某种意义与下述两个问题是不相干的:在一个特定的场合所说出的这个语句,在那个特定的场合是否被用来作出一个真实的或虚假的断言?或者,在那个特定的场合,这个表达式究竟是否被用来指称或提到某种事物?[14]

斯特劳森认为,罗素在这些问题上的混乱导致他得出某种错误的结论。这个结论是:"目前的那个法国国王是聪明的"这个句子(或它所表达的命题)与下面这个句子(或它所表达的命题)之间的关系是包含关系。

(1)有且仅有一个事物,它现在是法国国王。

现将"目前的那个法国国王是聪明的"这个句子称作 S。

假如（1）被它作为一个必要的部分包含于自身之内，那么将不得不得出这样的结论，即：当（1）是假的时，S也一定是假的。按照斯特劳森的看法，S和（1）之间实际所拥有的关系是预设关系（presupposition）。斯特劳森对预设关系作了如下的界定：说S预设了（1），就等于说，（1）必须是真的，S才有真假。如果（1）是假的，那么可以认为S既不为真也不为假。假如我问你：藏在你口袋里的矮妖精是否戴着一顶绿帽子？当你扪心自问你所要作出的那种正确回答是什么时，你就可以最充分地理解斯特劳森的观点了。正确的答复既不是"他戴着绿帽子"，也不是"他没戴绿帽子"，而应该是"这样的提问是不适当的"，因为你的口袋里没有矮妖精。按照斯特劳森的叙述，像罗素那样作出下述结论是错误的：因为（1）是假的，所以（1）和并非（Spo）都是假的。相反，对于斯特劳森来说，它们既不真也不假。

　　罗素的辩护者很可能会提出这样的理由：像绝大多数逻辑学家一样，罗素认为所有命题都是真的或假的；⑮对罗素来说，这是一个定义的问题。因而，谈论断言或陈述的斯特劳森错在把苹果和橘子相比较。在《论指称》中，林斯基是这样来阐述他的辩护观点的：

　　　　现在，当然没有人通过指出以下这一点来反驳欧几里得几何了：如果用最精确的仪器来测量的话，画在黑板上的三角形拥有角的总和超过 180 度。同样，我们必须对逻辑演算、在逻辑演算中作为变项的值的命题，和人们在语言的日常使用中所作的话语（utterance）、言谈或陈述进行区分。就如同对实物三角形的测量未能驳倒几何学一样，以下的发现也没有驳倒逻辑学：有一些陈述，我们既不能说它是真的，也不能说它是假的，而只能（比方说）说它是夸大其词的、模糊的或不精确的。但是当斯特劳森批评罗素的逻辑学⑯时，他恰恰是这样做的。⑰

　　为罗素的理论进行这类辩护的另一种方式，在于如同许多当代哲学家所做的那样，坚持语义学和语用学的区分。语义学研究的是语句的真值条件，而语用学研究的是特定的使用者在不同的环境中对语句的具体使用。罗素可以被看作一个语义学家，而斯特劳森则可以被看作一个语用学家。然而问题并不到此为止，因为并非每一个当代哲学家都确信语义学和语用学之间的区分；尤其是那些严格依赖于这种区分的人，从其形式主义的视角来看问题，倾向于鄙视那种在他们看来是庸俗地追求对普通语言进行粗糙区分的行为。⑱

　　当我在本章结尾讨论维特根斯坦的批评时，我将再回到这个问题上。现在，我想用斯特劳森的方式来详细阐述另外一些问题，并要指出，与斯特劳森预设理论相比，罗素的摹状词理论占有一定明显的优势。在其《逻辑理论导论》中,斯特劳森把他的预设概念扩展到所有四种亚里士多德式的推理形式。据他说,存在的真值条件并"不仅仅是这类陈述为真的一个必要条件,而是这类陈述为真或为假的一个必要条件"。[19] 根据斯特劳森的预设理论,如果人们断言了下述语句,那么他正在断言的东西既不真也不假,因为主项指称了一个不存在的对象。

　　(E)任何一个矮妖精都不是戴红帽子的人。

但是根据亚里士多德逻辑以及现代逻辑,通过换位法,这个句子据说在逻辑上等值于:

　　(CE)任何一个戴红帽子的人都不是矮妖精。

由于预设条件适用于(CE),戴红帽子的人又的确存在,所以陈述它似乎就等于陈述某种非真即假的东西。但是,既然(E)和(CE)是用来作出逻辑上等值的陈述的,那么这种情况是如何可能的呢?斯特劳森防止这种反对意见的做法是,在所有传统的推理、换位、换质等等的前面加上一个限制条件,即"假定所涉及的陈述是非真即假的,那么……"。这就等于说,当两个句子都被用来作出拥有真值的陈述时,那么像换位、否定等等这样的关系,据说能够产生传统所断言的那些可以有效推论出来的结论。但是，正如林斯基已经指出的那样，这种做法就使得斯特劳森的理论和罗素的理论之间并不存在冲突了。按照林斯基的看法：

> 让我们假定 S 预设 S′。这就意味着，从 S 有一个真值这个前提出发，可以得出 S′ 是真的这样的结论。但是，当且仅当法国国王是聪明的，S 才是真的；并且，当且仅当有一个人且只有一个人是法国国王，S′ 才是真的。因此，法国国王是聪明的这个陈述包含了有且只有一个人是法国国王这个陈述。[20]

通过坚持认为预设条件必须同时满足于有效换位关系中的主项和谓项，斯特劳森可以试图回避林斯基的反对意见，并回击在换位关系问题上我所提出的反对意见。但是，林斯基可以反驳说，这个条件与假定所涉及的那个陈述非真即假有什么区别呢？另一方面，通过关注以下这个句子，我也可以对此作出回应。

> 土星三十号火箭不是联邦宇航管理局设计用来往天王星上运送美国载人宇宙飞船的。

假设有人向新闻界人士提供了错误的消息：联邦宇航管理

局事实上已经设计了一枚火箭用来往天王星上运送美国的载人宇宙飞船。进一步作如下的假设：不存在土星三十号火箭，而且事实上任何种类的火箭都不是被设计来往天王星上运送这类宇宙飞船的。预设条件要么满足不了主项，要么满足不了谓项，而有一点是仍然清楚的，那就是，所列出来的这个句子能够被用来断言一个真实的陈述。不难想象，在为了消除下述谣言而举行的新闻发布会上，联邦宇航管理局的官员也可以使用它：

○ 新闻界的先生们、女士们，我希望作出一个陈述，而且我向你们保证我即将要说的话是真的。现在并没有人在设计土星三十号火箭来往天王星运送美国载人宇宙飞船。[21]

我们所拥有的，是一个在其中预设条件要么没有满足于主项要么没有满足于谓项的例子。而且，我们拥有了一个关于什么是作出一个陈述——在想象中的这些情况下，这个陈述是真的——的范例。这个例子使得斯特劳森无法回避矮妖精一例由于要求两个项都符合预设条件而给他的理论所带来的困难。还有，而且是更重要的，它表明存在着许多这样的情况，即：预设条件无法满足于主项，而人们仍然可以成功地作出一个真陈述，或依据情况作出一个假陈述。除此之外，它还展现了罗素理论对斯特劳森理论的一个明显优势。

罗素对联邦宇航管理局官员的陈述的分析，不仅会抓住那个官员所希望陈述的东西，也抓住了它是真的这一事实，同时避免了它既不是真的也不是假的这种错误的看法：

○ 　　没有什么东西既是土星三十号火箭，又是正在被计划用来往天王星上运送宇宙飞船的火箭。

先前，我讨论了林斯基在反驳斯特劳森时对形式逻辑与几何学之间的相似性的应用，而且我把这种相似性与语义学和语用学之间的区别联系了起来。在当代哲学中，尽管语义学/语用学的区分已经取得了令人敬重的地位，但维特根斯坦的追随者们并没有实践它，甚至没有尊重它。事实上，他们认为，这种区分只不过是哲学家们为了使自身的理论免于遭受后期维特根斯坦对其本人的，以及对罗素的早期思想所作的那一类批评而采用的某种技巧。

像罗素一样，《逻辑哲学论》中的维特根斯坦试图通过对语言的逻辑分析来解决哲学问题。后期维特根斯坦把这种方法仅仅看成是一连串错误努力中的又一个错误的努力。这些错误的努力是传统哲学的特征。按照他的《哲学研究》，传统哲学，在其最核心的部分，完全是一种错误构想出来的学科。它永远不可能取得成功，因为它所引起的疑难及其所提出的问题是似是而非的疑难和似是而非的问题。根据维特根斯坦的看法，哲学家从事了某种职业，在这种职业中，接连不断的失败不仅被人接受，而且被人赞美。通过声称哲学缺少成功，在事实上证明了它的问题的高难度性，哲学家们试图使他们共同付出的努力正当化。维特根斯坦藐视这种借口。他认为，哲学问题实际上根本不困难。它们是不可解决的。他声称，正是由于它们的本性，它们不可能被解决（solved），它们只能被消解（dissolved）。㉒

哲学疑难使我们遭受挫败，同时又向我们提出了挑战。尽管多少世纪以来，在解决这些疑难方面没有取得真正的进步，但我们还是希望某个天才人物会发现解决它们的办法。对维特根斯坦来说，这种希望是没有根据的。他把它们看成是没有根据的，并不是因为不存在任何这样的希望，即：解决这些问题的办法将会在某个时刻到来。但是，他认为存在的只是希望。哲学家们像那些迷失在某个巨大的但却迂回曲折的迷宫中的人们一样；在这个迷宫中，除了从原来的入口返回外，不存在任何别的出口。

维特根斯坦反对这样的观念，即自然语言欺骗了我们。没有必要通过一种类似罗素所构想的语言，即一种所谓的"理想"语言，来改进或替换它。相反，正是哲学家们对它的误用才产生了似是而非的问题，即那些只有通过让自然语言以其本该使用的方式去运作才能得以解决的问题。后期维特根斯坦向我们提供了一种独特的视角，用以察看他和罗素在他们早期的共同

意义与语言 071

努力中所表达的那类哲学困惑。他没有介入这场争论。他没有尝试提供解决哲学问题的办法。正如某些人所描绘的那样，他既不是证实主义论者、行为主义者、唯名论者，也不是任何一种别的"××论者"。

维特根斯坦的后期哲学，被认为是对怀疑论、实在论、唯名论、唯心论、认知论（cognitivism）以及哲学上所有别的种种被人尊重的"××论"的一场揭发。对于维特根斯坦来说，哲学试图要去解决的问题，以及那些要求人们在无法令人满意的、非此即彼的事物之间强行作出选择的问题，最终都是魔术师们所玩弄的诡计和手法。这里所说的非此即彼的事物，指的是：实在论还是唯名论，现象论还是因果论，怀疑论还是现象论，行为主义还是认知主义，等等。但是几乎没有什么哲学家想承认维特根斯坦是正确的，尤其是在传统哲学的历史旅程中那些忠实于柏拉图及其同伴的人。我们无法相信我们的耳朵。这个家伙一定是疯了。当地球是圆的这一事实第一次被披露时，没有一个人愿意接受它。对这一宣布的通常反应是："那是荒唐的！你疯了！睁开你的眼睛看一看，难道它不是扁的吗？"维特根斯坦会通过对这个问题本身进行质疑而反驳这样的怀疑。他会问："但是，假如它是圆的，它看起来又会如何呢？"

仍然有许多哲学家是不相信维特根斯坦的。他们声称，维特根斯坦式的观点并没有被证明是事实，维特根斯坦没有为他的结论提供任何演绎上有效的证明。情况确实如此。但是，对于建立他自己的观点,以及为了使对立的观点受到怀疑,他都提供了充分的根据。

通过举例说明我认为维特根斯坦会如何处理斯特劳森与罗素之间的分歧,让我来对本章作一总结。试看以下断言:

(a)有些神话中的动物是半人半马式的怪物。
(b)有些神话中的动物不是半人半马的怪物。

根据罗素的看法,我们理解这些句子,而且我们对它们的理解,即它们的命题的内容,可以表达为"至少有一个x,它既是神话中的动物,也是半人半马的怪物"以及"至少有一个x,它既是神话中的怪物,同时又不是半人半马的怪物"。此外,根据罗素的理论,两个句子都表达了错误的命题,因为神话中的动物并不真的存在。斯特劳森将会同意这一点,即不存在神话中的动物;但是他的预设理论将会强行规定两个断言中没有一个是真的或假的。

然而,常识对这一问题的处理与这两种理论都不一致。我们要主张,(a)和(b)都是真的。这种观点基于我们对"真的"和"假的"这些表达式的通常的用法。维特根斯坦会让我们记起有关普通语言用法这一事实。简言之,他要说的是:关于非存在的对象,我们能够而且我们确实作出了真陈述或假陈述,而且我们当中没有一个人会轻易地被搞糊涂,认为当我们这样做时，我们就承诺了这些实体的存在。

我将在下一章的末尾返回来讨论维特根斯坦对传统哲学的批评，尤其是他对传统哲学努力提供一种知识论的做法所作的批评。下一章所涉及的是罗素的知识论。这种理论处于传统哲学的框架之内；而且作为这样一种理论，它很容易招致维特根斯坦的反对。

注释：

① 由于罗素没有对"语句""命题"和"陈述"这些概念进行精确地说明，他关于这些疑难的陈述多少有点受到了不利的影响。在我陈述这些疑难时，我努力使用适当的语词来表达所论及的这个东西。这里，我们的注意力应该集中在语句上，而不是命题或陈述上。就命题和陈述二者来说，前者只不过是一个给定的语句的标准意义，而后者是由一个特定的说话者在一个特定的场合对一个特定的语句的使用。对于这些概念的详细的讨论，见奥德尔（1984）。

② 罗素谈论真（true）命题。但是正如斯特劳森在《论指称》中已经证明的那样，真（truth），在其严格的意义上，是一个陈述的谓词，而不是命题的谓词。准确地说，（1）应该被读作"语句（a），当在其标准的意义上被使用时，作出了一个真的陈述"。

③ 在为这个概念进行辩护时，人们可以论证说：当我们告知儿童圣诞老人是一个虚构的人物时，我们通过把"圣诞老人"换为"珀加索斯"，就可断言（a）即是（b）。

④ 这就等于说它们都表达了同一个命题。但是说得准确一点，我们应该说，它们共同被用来作出了同一个陈述。

⑤ 罗素（1905），第 187—189 页。

⑥ 罗素（1910），第 66 页。

⑦ 罗素（1905），第 190 页。

⑧ 他本该说的是，如果这两个句子都在其标准的意义上被用来作出陈述的话，那么这两个陈述就一定都是假的。

⑨ 林斯基（1967），第 59 页。

⑩ 穆尔（1936），第 124 页。

⑪ 斯特劳森（1950），第 163 页。

⑫ 这是一个作出或断言使用的陈述，与别的常见的使用（比如警告、许诺、假定、解释、判断等等）即奥斯汀所提到的"话语施事行为"（illocutions）形成了对比。（1962）第 98—163 页。

⑬ 斯特劳森（1950），第 169 页。

⑭ 同上，第 171 页。

⑮ 然而，自相矛盾的是，在《逻辑原子论哲学》中，罗素断言命题是非实在的东西。那么，语句类型将不得不用作真或假的负载者。这个观点也很难为人所主张，即便不是不可能的。

⑯ 林斯基（1967），第 91 页。

⑰ 尽管在这一点上林斯基反对斯特劳森，为罗素辩护，但是当他声称我们在日常的谈话中是用陈述而不是命题来说话时，他确实站在了斯特劳森一边（第 99 页）。

⑱ 关于对这一区分所作出的详细的批评，参见贝克和哈克(1984)。

⑲ 斯特劳森（1952），第 176 页。

⑳ 林斯基（1967）第 94 页。

㉑ 他实际上所说的话可以翻译成一个 E 形式的语句。

㉒ 维特根斯坦（1958）第 436 节，129e，以及第 109 节，47e。

4 知识的范围与限度

On Russell

在本章中，我将阐述罗素关于人类知识的性质的观点。像休谟一样，罗素既是一个经验论者，也是一个认识论上的怀疑论者。我也将检验 G. E. 穆尔对罗素怀疑论的批评。我之所以这样做，是因为通过把罗素的观点与穆尔的观点相对比，关于怀疑论的合理性的问题就可以得到最充分的评价与理解。通过反驳穆尔的反对意见，我将为罗素的怀疑论辩护；但是我将根据其他理由对它作出批评。在本章结束时，我将概述维特根斯坦在怀疑论问题上的观点。

　　罗素关于人类的知识的观点在他的著作中都有提及。这些著作包括《哲学问题》《我们关于外间世界的知识》《对意义与真理的探求》，以及《人类的知识：其范围与限度》。尽管穆尔在关于这个主题的各种著作中,对罗素的怀疑论形式表达了反对意见,但是它们都没有像在《怀疑论的四种形式》一书中那样卓有成效。在这部著作中,他精确而清楚地表达了哲学的怀疑论是什么,也表达了为了让它获得成功所必须确立的东西是什么。由于这些原因,在分析穆尔对罗素怀疑论的批评时,我将把我的分析限制在哲学的怀疑论上。

罗素在方法论上所采取的措施受到了笛卡尔的启发,这是一个经常得到罗素承认的事实。[1]在其所有的认识论著作中,我们都发现了罗素在对各式各样的人类信念进行一番笛卡尔式的或者说方法论的怀疑,以努力弄清是否某些信念是合法的。而且,尽管当他还是一个年轻的哲学家时,的确拥有理性主义(即与笛卡尔联系在一块的一种学说)的某些其他方面,但是在前面提到的那些著作中他所倡导的知识论本质上是经验论。最初把两个学派区分开来的东西,是它们在人类知识起源问题上的各自的观点。理性主义者认为,我们的许多知识都是天赋的。经验论者否认这一点。他们认为,所有知识都起源于经验。在哲学上,这种争论有很长的历史,而且今天还在继续着。蒯因以及他的追随者是经验论者。乔姆斯基和他的追随者是理性主义者。包括 J. 福德尔在内的乔姆斯基的追随者,主导着"认知的科学",一门新兴的跨学科的研究,研究者包括哲学家、心理学家、语言学家以及计算机科学家。

像经验论的创始人约翰·洛克一样,罗素是从感官知觉的所予物（the givens）开始的，并试图从它们当中推出外间世界。罗素使用"感觉材料"这个术语来指称感官的所予物。对于罗素来说，感觉材料就是建筑上使用的砖块，所有别的经验信念都是由此构造出来的。像洛克一样，罗素也是一个因果论者，他相信感官的材料一定是由物理对象引起的。我们经验到感觉材料，并从中推论出物理对象的存在。但是，像大卫·休谟这位经验论最具创造力的辩护者一样，罗素得出了如下的结论：这样的推论一律是无效的。最后，他被迫接受了认识论的怀疑论，并且断言，尽管物理对象以及他人等等可能确实存在，但我们绝不能真正认识到他们的存在。

然而，罗素对笛卡尔式的方法论的应用，并非试图在我们的各种信念当中确定哪一个是确定的，而是要决定哪一个具有最高程度的确定性。他说，确定性"可能或多或少地显现，它在程度上可以从绝对的确实性降到一种几乎无法感知到的微乎其微的程度"。②但人们可能会问：通过"确定性"一词，罗素到底要意指什么？在另一本书③中，罗素区分了三种类型的确定性，即逻辑的、心理的和认识论的。他通过这样的断言解释了第一种确定性："当满足第二个命题函项的项的集合是满足第一个命题函项的项的集合的部分时，一个命题函项对另外一个命题函项的关系是确定的。"例如，"x 是一个动物"对"x 是一个有理性的动物"的关系是确定的。第二种确定性与命题联系在一起。"当一个人对某个命题的真理性没有任何怀疑时",他就会把确定性归之于它。当一个命题"内在地或者作为推论的结果,具有最高程度的可信性"时。第三种确定性,同时也是最重要的一种确定性,就出现了。他通过累加的办法详细解释了"可信性的程度"这个概念。每次当他把他的叙述加到同一个结果上时,他就会对这个结果变得更加确信一些。"这种确信的增加伴随着证据的增加,因此它是理性的"。④由于可信性相当于证据的支持,所以我们能够把罗素的这一概念即认识论的确定性表述如下:

(EC)一个信念在拥有最高程度的证据支持时,它在认识论上是确定的。

这个陈述是模棱两可的,因为我们能够在质和量两种意义上理解"最高程度的证据支持"这个短语。罗素的例子倾向于前一种意义,即越是不时地增加它的根据,所产生的确定性就越大。

在《我们关于外间世界的知识》中,罗素承认唯有"那些抗拒批判性反思所带来的起削弱作用的信念"是"硬材料"。它们也就是"特定的感官事实"和"一般的逻辑法则"。但是由于不再需要最高程度的证据支持,他现在的标准是"不可能有任何非病态性的证据或理由来怀疑它们"。⑤简言之,"硬材料"信念被看作是"内在可信的信念"——这是他在其他书

知识的范围与限度 081

中的一个说法。⑥（EC）必须加以修改，以便反映这个事实：

（EC'）当一个信念是内在可信的，或者拥有最高程度的证据支持时，它在认识论上是确定的。

然而，关于内在的可信性，依然存在着一个问题。如果我们认为一个信念是内在可信的，就意味着"不会有任何相反的证据"，我们就得被迫承认所有荒谬的信念都是确定的。假定某人相信这个房间里有一个看不见摸不到的怪物，由于不可能存在任何相反的证据，所以这个信念就不得不被说成是内在确定的！要克服定义中的这一缺陷，我们主张任何一个没有得到某种证据支持或反对的信念都不能被认作是确定的。除了因为存在着某种相反的证据而使其变得不可能外，这将意味着任何一个信念都没有资格被当作是内在确定的，除非存在着对它有利的证据和理由。根据逻辑学原理，对它们的可接受性有利的理由，只不过是得到笛卡尔支持的那种理由，即否定它们就是自相矛盾的。就感觉材料信念来说，起关键性作用的从句将是不可否定的实在。他说，"由视觉、触觉或听觉所感知到的当下事实并不需要通过论证来加以证明，而是完全自明的"。⑦综上所述，我们现在可以将（EC'）修改如下：

> (EC'')当(a)对它的否定是自相矛盾的,(b)它的内容被局限在当下存在的感觉材料上,或者(c)它拥有最高程度的证据支持时,一个信念在认识论上是确定的。

在《哲学问题》中,罗素在真理的知识和对象的知识之间进行了区分。⑧然后,他把注意力集中在后一种类型的知识上,并在这个类目之下又区分出两种独立的类型,即亲知的知识与描述的知识。他是这样区分的:

> 当我站在桌子前面时,我就亲知了构成桌子现象的那些感觉材料,即它的颜色、形态、硬度、光滑性等等。……恰恰相反,对于作为物理对象的桌子,我所具有的知识并不是直接的知识。……我对于桌子所具有的知识是那种我们应该称之为"描述的知识"的知识。⑨

在《我们关于外间世界的知识》中,通过在推论的(derivative)知识与基本的(primitive)知识之间进行区分,罗素阐明了同一种差异。

受这种区分(即他对亲知的知识与描述的知识所作的区分)中的概念的影响,尤其是当这种区分被理解为基本的知识与推论的知识之间的区分时，罗素被迫接受了休谟的怀疑主义。⑩换句话说，不论支持"在我的面前有一张桌子"这种看法的感官印象有多少，其独立的存在是不可能从那种支持中推论出来的。物理存在的对象被构想为，当无人感知它们时也会继续存在着的对象。任何当下存在着的东西都不能作为根据来推断当下并未出现的东西的存在。

重要的是，要认识到哲学上的怀疑论到底是如何区别于普通的或日常的怀疑论的。我们大家有时都喜欢怀疑。与日常的怀疑论不同，哲学上的怀疑论与环境的变化是不相干的。它不是起伏不定的。人物、地点、时间或者条件的变化都与它不相干。一个靠不住的熟人是否会守约来担任一个下午的航海船员，今天我对此是表示怀疑的。上周，我们作过一个相似的安排，但那时我肯定他会到场的。那时我之所以没有怀疑他，是因为我知道在公司里他是我们航海船员中一个勤勤恳恳的三等船员。然而，在哲学上对这类事件作出怀疑，就等于确信没有什么人能知道有任何别的人会守约。哲学上的怀疑论概念（PS）可以最恰当地表达为下述原理中 Ψ 的任何一次实例说明：

PS：从来没有任何人能知道关于任何 Ψ 类事物的特征或存在的任何东西。

就所有下述的知识对象来说，采纳休谟的怀疑论（古典的哲学怀疑论），就等于是为 PS 中 Ψ 的实例说明提供根据：神、过去、未来、自我，以及他人。或者以某种不同的方式来表述：从来没有任何人能够确实知道任何不同于分析命题（它们的否定形式是矛盾式命题）以及不同于描述当下感官所予物的命题的东西。或者通过怀疑和信念这些术语来表述：有些信念的否定形式是矛盾式命题，有些信念是仅仅描述当下感觉领域的；除了这两类信念之外，怀疑任何其他信念的真理性总是可能的。

关于物理对象、他人、过去以及自我，罗素怀疑它们存在的论证有四类：第一，存在着我将称之为"不同人及不同视角的论证"；第二，基于幻觉及妄想的论证；第三，梦幻论证；第四，恶神论证。

不同人及不同视角的论证所得出的结论是：我们绝不可能确实知道任何给定的物理对象存在着，因为总会存在着表明它拥有某种给定特征的证据，也存在着表明它没有某种给定特征的证据。⑪ 对同一个人来说，同一个物理对象在不同的时间中似乎可以拥有截然相反的性质。对不同的人来说，同一个物理对象在相同的时间或不同的时间中，似乎也可以拥有截然相反的性质。现在，我的衬衫看起来是白色的；但是在迪斯科舞厅的频闪闪光灯下，它看起来将会是光亮的蓝色。这样的情况会产生什么样的影响呢？根据罗素的看法，它产生的重大影响在于，"没有任何理由认为这些颜色当中的某一种可以比其他种类的颜色更真实地接近于其本身的颜色"。从这一点出发，可以得出这样的结论：我绝不可能弄清楚我的衬衫的真实颜色是什么。而且，我绝不可能弄清楚它的任何别的性质，或者任何一个对象的任何性质。由于罗素设想这些推论也使得对任何一个对象的存在的怀疑合法化了，所以他一定会认为我们不可能知道任何给定的物理对象存在着——除非我们至少可以确定它的一种性质。

对于人们绝不可能知道一个物理对象存在着或拥有它表面上拥有的性质这一主张，来自幻觉的那个论证提供了更进一步的理由。这个论证把幻觉和妄想混为一谈了。一只筷子，当它浸入水中的时候，是弯曲的；而且，像麦克白一样，即便那儿没有匕首，我们也能看到有一把匕首在我们面前。

梦幻论证是笛卡尔所偏爱的方式。它依赖于这一事实，即我们的某些梦包含了某种足够真实，以至于我们无法把它和日常经验相区分的内容。我们梦到我们正在被一只恶狗追赶着，接着我们恐惧地惊醒了。在被恶狗追的情景中，梦中梦外的反应是一样的。由于人们总是有可能当下正在做梦，那么人们如何才能确定他所经历着的东西确实正在发生呢？

罗素认为，世界可能是由一个恶神所创造的。他断言，没有任何证据会确实表明这个宇宙不是由这样的一个实体创造的。但是假如这是一种可能性，那么情况也有可能是这样的，即这个神只是在一秒钟以前才创造了这个世界；而且，我过去所拥有的关于它的存在和内容的记忆，有可能都只不过是储存在我的错误的记忆库里的虚构之物。这个记忆库是他带着明确的想欺骗我的意图而创造出来的。

罗素在这个问题上的观点可以用论证的形式总结如下：

○　　（1）下述的情况总是可能的，即当如某人断定某一物理的存在物、他人甚或他的自我存在着或者已经存在，或者拥有他以为它们拥有的那些性质时，因为可能由于各人和视角的不同而存在着相互冲突的证据，或者因为他可能正在妄想、产生幻觉体验、正在做梦，或者正在受骗，因而他的判断是错误的。

除此之外，他还正确地假定了：

○　　（2）如果P是确定的，那么非P就是不可能的。

从这一点出发，就得出了这样的结论：

○　　（3）假如非P是可能的，那么P就是不确定的。

经过概括，它就变成了：

○　　（3'）假如非P总是可能的，那么P就绝不是确定的。

他也断言了（4），并明显预设了（5）：

> （4）关于未来和关于诸神的信念绝不是确定的，即便是从绝大多数非哲学家的观点来看。
>
> （5）或者我们所有的信念都是分析的，或者我们所有的信念都要么关涉于、要么可以还原为关于物理对象、他人、过去、未来、自我、上帝或诸神，和感觉材料的信念。

从（1）（2）（3'）（4）和（5）可以推出：

> （C）除非 P 是重言式或者是关于感觉材料的信念，否则人们绝不可能确实知道 P 是真的。

G. E. 穆尔在他的《怀疑论的四种形式》中批评罗素未能在"可能的"一词所拥有的两种意义之间作出区分，也就是未能在"（某人做某事是）可能的"（possible for）和"（某种事情是）可能的（possible that）"之间作出区分。这种区分的重要性与罗素的前提（1）有关。穆尔声称，罗素在前提（1）中没有在适当意义上使用"可能的"一词；而且由于这一点，罗素的结论不可能有效地从他的前提中推论出来。尽管穆尔没有使用"含糊其词"这个词来刻画罗素的错误，然而他事实上是在指责罗素犯了含糊其词的错误。

假设你是死刑囚室中的一个犯人,而我是你的律师。我试图说服监狱长改变对你的死刑判决,并且我刚刚从他那里回来。现在我正要把那个结果告诉你,你立即问我他是否会改变对你的判刑。假设我用"那是可能的"来回答你的问题,我所说的话是模棱两可的。它可以意味着有可能(possible that)他将这么做,这就是说我有充分的根据(尽管这种根据不是决定性的)认为他将这么做。但是它也可以意味着他这样做是有可能的(possible for),这只不过是说他有权力这么做。虽然任何一个监狱长改变对任何一个犯人的判刑都是可能的(possible for),但是这样的情况即某个特定的监狱长将会改变对某个特定的犯人的判刑也许是不可能的(possible that)。由于有可能他将这么做,所以一定存在着他将这么做的证据。假设这个监狱长十分激动地向我提醒说,他非常赞成这次死亡判决;并且,假设他既向我透露了他认为你是"罪恶深重",又向我透露了他绝对不愿意改变对你的判刑。在这种情况下,如果我告诉你说有可能监狱长将会改变对你的判刑,那就搞错了,即便他依然有权力这么做。假定我是十分谨慎的,并想避免那种可以预料得到的你对这条消息的沮丧反应,我也许会故意省略我与监狱长会面时的细节情况,以便希望你能"抓到救命稻草"并把我所说的话"这是可能的"理解为"有可能他将这么做"。假如我真的这样做了,我就会犯含糊其词的错误。我可以根据某种理由来为自己所说的话作出辩护。这种理由是：由于他有权力这么做，所以我的前提是真实的。然而，我所期待你得出的那种结论是：存在一种你不会被处决的可能。这个结论所要求的前提是，"这是可能的"这句话被错误地理解了。我想要你做的事情是，把"这是可能的"理解为"有可能监狱长将会改变对你的判刑"。

　　穆尔使用这种区分来反驳罗素。他想要我们得出的结论是：在用来支持怀疑论的论证中，罗素的前提（1）是错误的。只是对罗素来说它似乎才是真的，因为他在梦幻、妄想等现象的可能性问题上是含糊其词的。从我们实际上都做梦，而且除此之外，我们还易于产生幻觉、妄想，易于从不同的角度以不同的方式看事物这些事实出发，可得出的结论是：人们总是有可能（possible for）搞错任何一个对象的性质或存在。⑫而不是另一种结论，即人们总是有可能（possible that）弄错一个给定物理对象的性质或存在。

　　通过把前提（1）中的"（某种事情是）可能的"（possible that）换成"（某人做某事是）可能的"（possible for），有可能挽救罗素支持怀疑论的论证吗？不可能！那将使得前提（1）变成真的，但就得不出（C）了。

　　根据穆尔的看法，怀疑论者必须证明：每当（比如说）一个人声称他确实看到了一张桌子或任何一个别的物理对象时，总是存在着他正在做梦等具体的证据。但是穆尔认为，怀疑论者可以正当地加以断言的不过是：这类经验的主体产生妄想、梦幻等等是有可能的（possible for）。穆尔通过区分"（某种事情是）可能的"和"（某人做某事是）可能的"而对怀疑论所作的分析，使人明白了这一点，即：假如我们要严肃地对待怀疑论，我们必须完成的任务是什么。然而，我依然不能确信穆尔是正确的，罗素是错误的。我不认为，在不存在关于 P 的具体证据的那些情况下，"P 是可能的"（possible that P）是描述这些情况的一个不适当的描述词。假设我们看到两位妇女，她们刚刚把自己的车停在她们本地的银行前面，打算从银行提款。当她们从车里出来进入银行的时候，有人一手拿着一只钱袋一手拿着一支左轮手枪，从银行里冲了出来。银行经理追在后面，并喊道："拦住他，他刚才抢银行啦！"两位妇女都吃了一惊，并认出了这个强盗。其中一位问强盗："约翰，到底出了什么事啦？"他把她推到一边，然后钻进了由同谋犯驾驶的一辆汽车。他们迅速地离开了。当这两位妇女被审问并被出示银行的摄像机所记录的资料时，她们无法隐瞒实情了，并坦言那个强盗是其中一位妇女的儿子。另外一位妇女的丈夫。警察在家中逮捕了约翰。面对不利证据，他继续抗议说自己是无罪的，尽管他不拥有他不在犯罪现场的证据。他整日一个人待在家里，而且没有任何人看到过他。事实上，他为自己辩护的前景是非常渺茫的。

但是在这关键时刻，私家侦探福尔摩斯在警察所出现，并像往常一样断言警察搞错了。他声称，也许并不是约翰抢劫了银行。但是巡官雷斯垂特问道："你有具体的证据能说明他没有抢劫银行吗？在银行被抢的时候，有人看到他在别的地方吗？他当时在上班吗？"福尔摩斯回答说，他没有任何证据来证明约翰没有抢银行，但是有一些事实一定不能不考虑。多年以前，当他穿过伦敦的街道追捕他的诡计多端的敌人莫里阿蒂教授时，莫里阿蒂在圣詹姆斯医院附近逃掉了。第二天，福尔摩斯从《泰晤士报》上读到，恰恰是从那同一所医院中有人绑架了一个男孩，而且这个男孩是一对长得完全一样的男性双胞胎中的一个。这个孩子后来再也没有被找到。福尔摩斯提醒巡官雷斯垂特，莫里阿蒂总是吹嘘自己他将会犯下这一天衣无缝的罪行。然后，福尔摩斯认为，假如莫里阿蒂应该对这桩绑架案件负责的话，这次犯罪活动的案情就与这一假设即犯下这次天衣无缝的罪行是莫里阿蒂的企图相符合。莫里阿蒂可能已经把这个孩子培养成了一个罪犯，而且密切地注意着约翰及他的家庭，知道这所住宅里的两个女人总是在星期二去做银行的业务，同时也知道约翰绝不在星期二离开这所宅子。基于这些推理，福尔摩斯得出结论：有可能（possible that）不是约翰犯下这次抢劫罪的。

这个案例表明了，"非 P 是有可能的"（possible that not P）不需要有某种具体的证据来证明 P 不是事实。相反，所需要的全部东西是，人们应该提供关于非 P 的充分的理由，或者应该能够提供一个关于非 P 的合理例子。像福尔摩斯一样,怀疑论者提供了一个"基于事实的案情",这个案情表明了非 P 依然是一种事实的可能性,尽管存在着某种支持 P 的具体证据。这恰恰是怀疑论者在他指出人类事实上的确在产生妄想、做梦并且时常被他们的感官所欺骗时所做的事情。

然而,恶神的作用更难以被证实。它当然不是建立在事实的基础上的。这个论证的根据是:这样的一种实体是有可能存在的。穆尔单独讨论了这个论证。他没有把它仅仅当成另外一个未能在"(某人做某事是)可能的"和"(某种事情是)可能的"之间作出区分的例子来抨击。他愿意承认,与梦幻、妄想等现象不一样,恶神的可能性没有事实的基础。根据穆尔的看法,恶神的假设仅仅是一种逻辑的可能性,也就是说,否定它并不是自相矛盾的。穆尔声称,罗素依据恶神的逻辑可能性似乎要断言这样的事情,即:关于(比方说)我的计算机的存在,在人们所经验到的东西中,没有任何事情在逻辑上与它实际上不存在相矛盾。这里,之所以可以认为我的计算机是存在的,是因为我看到了它、摸到了它、听到了它,等等。穆尔承认罗素的这个断言是真的,却又认为,与人们相信自己知道自己要操作的计算机事实上的确存在着相比,要相信为了接受罗素的论证而不得不接受的所有命题就显得较不合理了。但是他坦承,至于在这些不同的命题中间相信[13]哪一个才是最合理的,他没有可资作出决断的任何标准。

与穆尔不同，我认为我们能够证明：对我来说，与确信罗素支持怀疑论的任何一种论证（包括基于恶神存在的可能性的论证）相比，确信我眼下正在其上操作的计算机的确存在着是更为合理的。在认为怀疑论者的主要论证并不是一个犯了含糊其词错误的例子这一点上，即使我是正确的，而穆尔是错误的，我们也可以建构一个独立的论证，来表明罗素那种别具一格的哲学怀疑论一定是错误的。

　　我提醒读者，根据罗素的观点，对于不同于下述两类信念的任何一种其他信念，我们绝不可能确信它的真理性：那些其否定形式是矛盾式命题的信念（即表达重言式命题的信念）和那些描述了仅仅存在于当下感觉领域中的对象的信念（即关于感觉材料的信念）。关于诸神、物理对象、他人、自我、过去和未来等的信念，全都容易遭到怀疑。罗素已经提供了一些论证，证明了所有关于这些不同种类事物的信念都是可以被怀疑的。然而，有一类信念，他未曾在任何地方加以考虑过。说"狗"这个词意指或指称了某种驯养的、最初从几类野生物种中演化而来的食肉哺乳动物，就相当于提供了一个定义。定义并不是分析的，它们的否定形式不是矛盾式命题。它们也并不描述感觉材料。由于它们不是上述两类信念中的任何一种，所以，如果我们接受罗素对这个问题的描述，我们就必须把它们归属到可疑事物的王国中去。但是假如它们被这样看待的话，人们怎么能够确信关于他们所主张的任何事物呢？任何一种信念主张都必然是用语言来表达的,而语言的使用预先假定了无数多的定义的真理性。由于怀疑论者的所有论证就是各种各样的主张(claims),所以他的所有论证本身都是可疑的。那么,为什么有人会严肃地对待它们呢?也许正是这种洞察力,激发了维特根斯坦对怀疑论者在某类问题上所关心的事情作出了回答。这里所说的某类问题指的是诸如"你是怎么知道这是一条狗的?"这样的问题。维特根斯坦以哲学上令人费解的方式回答了这一类问题:"我懂得英语!"这种解释至少是与维特根斯坦对哲学事业的估价相一致的。

正如我在前面所指出的那样,维特根斯坦的后期著作试图确立这种不同寻常的论点,即哲学问题不可能被解决,它们只能被消解,而且仅当我们认识到它们的本来面目时,对它们的消解才是可能的。现在,让我们看一下维特根斯坦会如何去消解在关于他人心灵的知识这一问题上的哲学怀疑论。

对于维特根斯坦来说,关于他人心灵的知识,从定义上讲,是以行为作为根据的。当我们接受怀疑论,或者行为主义时,如果我们还以某种不充分的方式来谈论关于他人心灵的知识,我们就"讲错话"了。我们可以正确推论出的只是:我们不可能意识到另外一个人意识中的内容。根据维特根斯坦的看法,这种混乱起源于哲学家们的一个假定,即我们确实拥有关于我们自己的意识的知识。但是这仅仅意味着:我们意识到了它,或者说我们是有自我意识的。我们无法禁止我们意识到我们自己的意识。然而，"知识"和"理解"都是表示行为已被完成的词项。有什么样的已完成行为是人们无法禁止自己拥有的呢？假如"知识"和"理解"可以被说成是谈到了某种事物，那么它们所谈到的东西并不是某种内在的过程，而是与一个人有关的某种经历、他的行动，以及一个事件的背景等等。维特根斯坦认为，声称知道（例如）一个人的自我是痛苦的，从语法上讲是无意义的；只是因为谈论这种事情（即知道另外一个人是痛苦的）确实可以讲得通，它似乎才被认为是可以接受的。这种混乱导致了更进一步的混乱。包括罗素在内的绝大多数经验论者，都根据这一事实即我们不可能搞错我们自己的事情，认为这样的"意识"（进而就是"知识"）绝不可能出现在第二人称的事情上。现在，由于错误地把知识重新定义为某种第一人称的意识，这些哲学家们在他人心灵这个问题上不得不坚持怀疑论。我们绝不可能意识到他人的意识，所以我们绝不能知道他们是有意识的。

今天，许多哲学家都不信服维特根斯坦对于刚讨论的这个问题的消解。除了其他方面之外，他们声称，H. P. 格赖斯对意义（meaning）与谈话意味（conversational implicature）的区分可以用来反对维特根斯坦，为罗素辩护。遵循格赖斯的做法，他们认为，尽管一个人绝不在认识⑩的意义上使用"知道"一词来表达他知道他的自我是痛苦的，然而这样做并不是错误的。根据格赖斯的观点，可以详细列举出来的某些常见原理（比如"不要说显而易见的或多余的事物")支配着我们相互之间的交流。依据这一看法，我们不说我们知道自己是痛苦的，其原因在于，这样做就等于说出了，对我们所有人来说都是显而易见的事情。

哈克（1996）认为，维特根斯坦不会承认多余物原理会起作用，或者说预设在这类情况之中。他不会承认，如果不能满足这个原理的话，就会使得陈述要么是假的，要么是没有真值的。哈克认为，维特根斯坦会承认这一点，即在"我知道我是痛苦的"这句话中，当"知道"一词被用于强调时，其非认识意义上的使用是有意义的。这就相当于"我是痛苦的"这句话，或者说传达了与"我是痛苦的"一样的思想。但是根据哈克的看法，作为一种知识上的断言，维特根斯坦会把它看成是无意义的废话。而且，假如格赖斯的看法是正确的，那么，通常看来，"我不知道我是否是痛苦的"就一定是错误的。说它通常是错的，就相当于说它解释了为什么"我知道我是痛苦的"这种说法是无意义的。但是对维特根斯坦来说，它通常不是错的，而只不过是无意义的废话。[15]

注释：

① 罗素（1912），第7页；（1929），第61页；（1940），第124页。

② 罗素（1912），第67页。

③ 罗素（1948），第396页。
④ 同上书（1948），第342页。
⑤ 罗素（1929），第60页。
⑥ 罗素（1948），第395页。
⑦ 罗素（1929），第58页。
⑧ 罗素（1912），第44页。
⑨ 同上书，第46—47页。
⑩ 罗素（1912），第7—11页。
⑪ 穆尔（1959），第219—222页。
⑫ 同上书，第226页。
⑬ 与用于强调的"知道"（know）一词形成了对比。
⑭ 格赖斯（1967），第65—68页。
⑮ 哈克（1996），第245—247页。

5 身心问题

On Russell

身心问题已经存在了很长一段时间。在近代哲学中，身心问题占据着举足轻重的地位，但这最应归功于笛卡尔。正是笛卡尔坚持认为，在心灵和身体之间存在着本质的区别；而且，由此而对它们之间的相互作用是如何可能的这一问题给以关注。我感到确信的是，当我决定举起我的胳膊时，我可以利用身体的力量，将它举到我想要的高度。但是，假如像笛卡尔所坚持的那样，我的心灵和身体是完全不同的实体，那么，一个精神实体之内的事件即我所意识到的举起自己胳膊的愿望，怎么能够引起一个物质实体即我的胳膊向上升起呢？笛卡尔自己对这个问题提供了一个解决方案。这个方案已经成为人们常常嘲笑的对象。在各种基础教程中，几乎没有什么哲学家不对它进行一番幽默式的论述。他的解决办法是，心灵和身体之间的相互作用发生在松果体中。他的批评者们嘲讽地问："这种观点能有什么用处呢？"与身体的任何其他部位（包括人的胳膊在内）完全一样，松果体也是一种物质。

几乎三个半世纪以来，哲学家们都在试图解决这一问题。笛卡尔的后继者们抛弃了这个不当的假设，即这两种完全不同的实体正是在松果体中才产生了相互作用。他们提供了他们自己的解决办法。这些办法虽然不是可笑的，但却毫无疑问是奇特而有趣的。马勒伯朗士和格林克斯提出了那种以偶因论闻名的理论。这种解决方案声称，上帝既创造了一个物质世界，也创造了一个精神世界，而且使两者都处于运动之中；在这种运动中，一种精神的行为即思想，总是与适当的物质行为平行地发生。就我们这个例子来说，这种适当的物质行为就是我的胳膊被举起。心灵和身体据说像两只独立的闹钟，它们被装备起来是为了使它们相互之间步调一致地保持准确的时间。当闹钟A的指针指向整点时，比如说指向三点时，闹钟B就会敲响三次。情况似乎是这样的：当闹钟A的指针走在某一给定的位置时，这就会使得闹钟B以适当的方式被敲响。像笛卡尔本人一样，他的追随者们是二元论者。他们相信，宇宙中仅仅存在着两种基本的实体。另外一种解决身/心问题的方式，在于接受某种一元论的态度。一元论者认为，在宇宙中仅仅存在着一种基本的实体。

一元论流行着两种基本的风格：唯物论和唯心论。唯心论认为，每一件事物事实上都是精神的或心灵的。物质的东西只不过是精神的东西的样态或方式。根据唯心论者的看法，物质实体只不过是一种幻觉。巴克莱和黑格尔都是唯心论者。唯物论者认为，一切事物事实上都是物质的。对于他们来说，意识只不过是物质的样态或者表现形式。当代科学唯物论者认为，意识仅仅是一种大脑的状态；这类唯物论者不胜枚举。唯物论和唯心论从特征上讲都是还原论。一个把宇宙中的一切事物都还原成了精神或心灵，而另一个则把宇宙中的一切事物都还原成了物质。

唯物论也孵化出了通常名为行为主义的东西。行为主义至少有两种。有一些人，他们坚持行为主义的基本形式或者说严格形式。这种形式认为，意识是一种幻觉，唯一的存在物是身体及其行为或动作。他们用行为主义的术语解释了所有所谓"心理状态"的东西，比如希望、相信、知道、不喜欢，等等。某个不喜欢另外一个人的人，将会不理睬他、在他身上找岔子、反对他的观点，并躲着他。

行为主义的另外一种形式，有时被称为"温和行为主义"，有时被称为"方法论的行为主义"。这种形式更复杂，或者说更具基准学的色彩。这种形式认为，关于某人是否知道某物，是否仅仅相信那个某物，或者是否感觉憎恨、疼痛、悲痛等等，其唯一的标准是行为的标准。根据这种形式的行为主义，当一个人遭受一次严重的伤害，并发出呻吟、抽泣以及哭诉的声音时，那么他就几乎一定是痛苦的。

行为主义的第一种形式容易被反驳。反驳方式之一在于，注意一下维特根斯坦的简洁的提醒，即"痛苦的行为，以及由痛苦伴随的痛苦行为，这二者之间有什么较大的差别呢？"第二种形式或者说具有基准学色彩的形式，实际上与身/心问题不相关。它是一种认识论的，而不是一种形而上学的观点。它仅仅与这样的问题有关：当另外一个人处于痛苦之中的时候，我们是怎么知道的呢？

今天，通过证明对人类行为的任何说明都必须认识它的内在原因，唯物论者反对各种形式的行为主义。他们认为，这些内在的原因是神经生理学的状态或功能。

希拉里·普特南提出了大脑的状态就是功能这一思想，并把它发展成了一种充分的、以功能主义而闻名的哲学学说。他认为，对科学唯物论来说，存在一个严重的问题。假设有一个来自另外行星上的生物：尽管他行动及说话的方式与我们相同，但最终证明他没有大脑；相反，他有一个能工作的看起来像硅石的器官，这个器官似乎使得他以有意识的方式在行动。普特南问道（我对这个问题又作了些补充）："关于这个生物，我们会得出什么样的结论呢？"我们会得出他是没有意识的这个结论吗？我们也许会这样。但是普特南认为，我们没有权力这么做。他所做的每一件事情都表明，他完全是和我们一样有意识的。普特南说："相反，我们应该承认，他的那个和我们大脑一样的器官发挥着同样的一种功能。"

在认知科学中，这种认为大脑的状态就是功能的状态的观点，已经被人们安然接受。在 J. 福德尔的领导下，认知科学家采取了功能主义的方法，并认为被我们看成是意识的那种东西类似于计算机的程序。这里提到的 J. 福德尔，他即便不是认知科学的发明者，也是认知科学的推动者。根据对事情的这样的描述，像思考、希望、害怕等等意识状态仅仅成了不同的大脑功能。由于偏爱于谈论计算，关于功能的说法最终不是被抛弃，也被削弱了。最初，大脑被认为包含计算程序于自身之内。而且，这些程序据说负责控制包括语言的使用在内的我们的所有行为。事实上，根据福德尔的看法，这种固有的程序自身也是一种充分发展了的语言，它拥有需要用来产生过去、现在及未来的各种自然语言的所有规则。福德尔声称，他的观点与通常所提到的"民间心理学"相一致。对于其辩护者来说，民间心理学指的是这样的一种观点，即人类行为可以最充分地被解释为由某些特定内在状态所引起的一种有原因的结果。这些特定的内在状态也就是信念、情感、意图，等等。它之所以被称为民间心理学，是因为它的辩护者们认为，这是普通的非哲学家的人们解释人类行为的一种方式。

甚至在更近的一段时间以来，解决这个问题的另外一种方式已经逐步形成。这种情况出现在 P. 丘奇兰这类唯物论者的著作中。根据丘奇兰的看法，普通人用来描述心理学事实的自然语言，以及包含在这些语言中的概念（民间心理学），仅仅是一些习得的（learned）反应。就其本身而论，它们并不比任何其他习得的反应（例如，古代和中世纪的"地球是扁的"这种观点）更合理。根据这种看法，既然我们的民间心理学如同许多其它通常被坚持的信念一样，可能最后证明是错误的，那么一种更好的心理学或理论就有可能被构造出来。这种心理学或理论将不会承认精神状态（信念、思想等等）的存在，反而会消除它们。①

这种名为"消除的唯物论"的观点，是通过消除那种"产生语言的问题"来解决传统问题的。这种办法正好像罗素的摹状词理论消除那种产生指称语言的问题一样。我不仅确信罗素会同意这种处理办法，而且还有文本的证据支持这种论点，即：早在这种观点得到明确或被认识到以前，消除唯物论的那些基本的假定在他那里就曾闪现过。我之所以用"闪现"这种说法，是因为经过一段短暂的追求之后，他就放弃了它。

罗素在其一生中多次讨论过这个话题。我认为，关于这个问题，罗素的某些最有趣且最有创造性的思想包含在一篇相当晦涩难懂的文章中。这篇文章名为"现代科学中的心灵与物质"。②正是这篇论文支持了我的这一论点，即罗素在身/心问题上的立场，与当前发生在消除的唯物论者和非消除的唯物论者之间的争论有关。

通过把"唯物论"一词改为"物理主义"一词，罗素开始了他对身心问题的讨论。然后，他把"物理主义"定义为这样的一种观点：所有事件都受物理学规律的支配。③接着他又指出，假如人们用物质来意指某种在空间上有广延的、硬的、有抵抗力的、不可穿透的东西，那么就没有理由相信存在着物质。与笛卡尔的观点相反，这就是说，不存在物质实体这样的东西。根据罗素的看法，一个物理对象不可能是一个物质实体或一个持存的事物。相反，物理对象是诸多短暂事件所构成的集合，这些事件"被安排在空间—时间的四维整体中"。他也接受物理学的这种观点：能量是存在的，并且其总量是守恒的，尽管其分布方式在不停地变化着。④

至于笛卡尔的精神实体，罗素再一次采取了"现代物理学"的观点。对于笛卡尔来说，"我"这个词指的是一个思维的实体。对罗素来说，"我"这个词只不过是一个语法上的词项；而且对他来说，关于思想，我们真正知道的所有东西都可以不使用这个词而得以表达。根据罗素的看法，人格同一性并不是与某种持存的特定的精神实体相同一，而是一种特定类型的、存在于一系列事件之间的因果联系，即记忆。⑤出于对经过科学提炼的理论的偏爱，他就通过这种方式消除了对自我的谈论及其一些众所周知的特征；因而在这一点上，他强烈地倾向于消除的唯物论。

他接着问道：是否存在着某些特征——根据这些特征可以把世界中的某些事件归类为精神的，把某些事件归类为物理的？而且，假如它们可以这么归类的话，那么这两类事件是否有重合的部分？他首先精确地说明了他用物理事件意指什么、用精神事件意指什么，从而回答了这些问题。物理事件被定义为物理学领域中的那些事件。精神事件被定义为我们所知觉到（perceive）的那些事件。然后他指出，尽管这两类事件之间的关系是复杂的，然而在那个被称为知识的混合体中，精神事件一定出现在物理事件之前。只是因为我们感知到了桌子和椅子，我们才能问其最终的结构和性质。⑥

由于罗素认为，一个事件事实上也许是发生在一个有限的"空间—时间领域"中的一组事件，因而"一块脑物质"也许只是一组事件，而且，要是这样的话，人的思想、感情等等也许只是这个组合中的诸成分。由此，他得出结论说：在精神事件与物理事件之间所存在的仅有的差别，是一个"逻辑层次"上的问题。大学的概念，在概括性的层次上不同于其内部每个建筑物（如运动场、办公室等等）的概念。大脑这个概念也以类似的方式与其内部每一种思想、感情等等的概念相关联。⑦

在这篇论文的结尾，罗素为我们总结了他在传统身心问题上的立场。他提醒我们，这个传统问题的产生源于对物质实体和精神实体所作的区分。而且由于他抛弃了这些概念，所以他的解释既不同于唯心论者的解释，也不同于唯物论者的解释。

但是，他认为，我们不能抛弃精神事件的存在，因为根据他的解释，物理事件是从精神事件中推论出来的。在这里，他就与消除的唯物论之间产生了分歧。根据罗素的看法，在我们能够对事件进行理论上的推断之前，我们一定感知到了它们。⑧

消除的唯物论者认为不存在精神事件。罗素对这种观念的反对意见是：当一个哲学家提出这样的主张时，他就是认为——不管他认识到了没有——我们绝不能使物理事物概念化或者谈论物理事物；而消除了这一种事物，也就会消除另一种事物。借用康德的说法，没有知觉的概念是空的。另外一种运用罗素观点反对消除唯物论的方法是：设想去问一个消除唯物论者他是否确实相信不存在精神事件。如果他给予肯定的回答，那么在这个世界上就至少存在着一个信念，于是他就自相矛盾了。但是假如他回答说他不相信这一点，那么为什么我们要相信它呢？

然而，由于认为与科学唯物论类似的某种东西很可能是正确的（即便认为它正确显得草率），罗素仍然是与科学唯物论的精神相一致的。他告诉我们，这某种东西是建立在所谓的"物理学的至高无上"这个基础上的。罗素接受了量子理论的暗示即原子物理学的规律不可能看成是决定论的，但他认为关于宏观物体的物理学依然是决定论的。就像通常一样，他以怀疑论的形式作出了这样的总结：存在着某种相信我们的精神生活为物理学规律所控制的理由，尽管这个理由绝不是确定无疑的。⑨

注释：

① 丘奇兰（1984）。

② 罗素（1946）。

③ 同上书，第 151 页。

④ 同上书，第 155 页。

⑤ 同上书，第 156 页。

⑥ 同上书，第 160—161 页。

⑦ 同上书，第 162 页。

⑧ 同上书，第 162 页。

⑨ 同上书，第 163 页。

6

On Russell ——————— 伦理学

伦理学可以被理解为一种获得善的或有意义的生活的技术，或者是试图批判性地系统阐述并估价伦理准则的一门分析性的学科。对于像基督、乔达摩·佛陀、孔子以及其他的神秘主义者和圣徒等人，像柏拉图、伊壁鸠鲁、埃皮克提特斯、斯宾诺莎和尼采等哲学家，以及像托尔斯泰、陀思妥耶夫斯基等小说家，他们的教学活动及著作全都关注于去发现怎样过一种适当的生活。这些人并不关注这样的问题："如何可能（假如确实有可能的话）为一种伦理准则辩护？""我们实际上是怎样使用像'善的''正当的''责任''不正当的'等等词项的？""规则功利主义对行为功利主义的优势是什么？"

然而，这些问题通常是由职业伦理学家来处理的；而且这些问题规定了职业伦理学家著作中的许多内容。通过在"实践伦理学"和"理论伦理学"之间进行区分，一些伦理学家指明了对有意义的生存方式的追求和职业伦理学家的工作之间所存在的差别。[①]罗素既关心实践伦理学，又关心理论伦理学。他的理论伦理学主要是功利主义者的伦理准则。在生活的意义问题上，他的观点是复杂的。对于人类生存问题，他在下述两种观点之间徘徊：（1）成为虚无主义的及悲观主义的；（2）或多或少持肯定的态度并抱有希望。早年，他在斯宾诺莎的作品中发现并找到了他认为是解决人类生存问题的办法。他接受了、并在几年的时间中非常严肃地对待斯诺莎的观点：只有通过对上帝的理智的爱，一种有意义的生存才是可能的。在本章中，我将只限于讨论罗素的理论伦理学。在下一章、也就是最后一章中，除了别的话题之外，我将谈到他在有意义的人类生存这个问题上的观点。

作为一个职业哲学家，罗素所关注的东西主要不是伦理学。他为建立一种伦理学理论所做的努力仅见于两种作品。其一为早年撰写的论文"伦理学初步"（1910）。正如罗素所承认的那样，它是以 G. E. 穆尔的《伦理学原理》为基础的。其二则要晚得多，它是《伦理学与政治学中的人类社会》（1954）。在早期那篇论文中，他十分依赖伦理直觉这个概念。在后期那部著作中，他抛弃了这个观念，因为它使得伦理学太主观化了。

他关注的焦点是为伦理学寻找一个客观的基础。在两部作品中,他都为唯效果论(consequentialism)进行辩护。

罗素在早期那篇论文中所表达的观点不容易被理清。他试图澄清这些概念即"正当的"和"不正当的"行为以及"善的"和"恶的"结果。在"伦理学初步"的第一段中,罗素对一些伦理学家对事实/价值的区分表示了异议。这些伦理学家认为,伦理学只关心"善的"和"恶的"这些维度,而科学只关心"真"和"假"。罗素认为:"对伦理学的研究并不是某种在科学之外并同科学合作的事情:它就是一门科学。"②在其论述罗素哲学的近期著作中,A. J. 艾耶尔对于罗素的这种观点进行了批评。③我不同意艾耶尔的看法,在本章的后面部分我将证明,这正是罗素最重要的且最有趣的洞见之一。

根据所提到的那种行为的结果是否很可能是善的,或者即使不是在所有方面都是善的,但在那些情况下至少也是最好的可能性,罗素以唯效果论的方式对正当的行为进行了定义。④像 G. E. 穆尔在《伦理学原理》所做的那样,罗素主张"善的"和"恶的"是行为的非自然的性质。对于罗素来说,这就意味着,不存在衡量价值的尺度。当我们对一张桌子顶部的长度和宽度拿不准时,我们为了解决困难所要做的全部事情,就是把一个测量设备应用到它的表面上去。但是并不存在着能使我们测定价值的设备。像"红性"(redness)一样,"善"(goodness)和"恶"(badness)都不可能被定义。但是与"红性"不同的是,它们不可能被看到。对于罗素来说,正如圆的和方的一样,"善"和"恶"仅仅是"属于对象的性质";"这些对象独立于我们的看法"。根据罗素的看法,人们由此可以得出这样的结论:在某物是善的还是恶的这个问题上,当两人的看法有任何不同时,"只有一个人可能是正确的"。⑤

然而,假如我们采纳了这样的观点即善的和恶的是非自然的性质,并且假如在某个行为是善还是恶这个问题上出现严重的分歧,那么根据罗素的看法,我们就完全掉进了主观性的领域。我们知道,两个党派不可能都是对的,但是罗素说,单单这个事实不可能回答下述这两个问题中的任何一个:"这两个辩论者中有一个是正确的吗?""假如是这样的,那么哪一个是正确的呢?"情况可以是这样的:这个行为既不是善的,也不是恶的,而只是中性的。但即便它是非此即彼的,我们仍然有一个问题即它是善的还是恶的。罗素叹道:回答这个问题并不容易,因为"可能很难知道哪一个是正确的"。⑥

这个事实没能阻止我们认识到"善的"有两种意义。在"那是一件需要做的善事"这个句子中,存在着"善的"一词。这个句子在意义上等价于"那是一件需要做的正当的事"。在"愉悦是善的"这个句子中,也存在着"善的"一词。在意义上,此句就相当于"愉悦是根据其固有价值应该得以存在的东西"。正是后一种意义上的"善的",被他认定为指称了一种非自然的性质;而且,在"伦理学初步"中,他据此把注意力转移到了这一点上。现在,他转向了前一种意义上的"善的";而且,通过把注意力集中在"正当的行为"这个概念上,他对它进行了深入阐述。

根据罗素的看法,在应该使用什么方法来断定一个行为是正当的还是不正当的这个问题上,哲学家分属于两个不同的阵营。功利主义者认为,应该根据其结果是好的还是坏的来进行检验。直觉主义者认为,一个行为是正当的还是不正当的,应该根据在道德良心上人们对它感到赞许或反对来决定。罗素认为,要想全面地解释"正当的"及"不正当的",我们必须把这两种理论结合起来。

直觉主义认为,理性直觉是我们用来从面前的各种各样的行为方案中找出一种最好的行为方案的唯一手段。但是,当我们的各种直觉相互间产生冲突的时候,我们如何才能决定哪一个人是正确的呢?我们相互之间可以展开辩论,并努力使另外一个人相信他自己是错误的。但是到头来,我们中的每一个人可能还是没有彻底被对方的据理力争所说服。罗素试图以典型的唯效果论的方式来解决这样的问题,其办法是:在面前的各种行为方案中,把客观上最好的行为定义为那种拥有最好结果的行为。他称这种行为方案为各种可用的行为方案中最幸运的一种。然而,他不认为这种最幸运的行为方案是客观上正当的;相反,他把客观上正当的行为方案定义为最明智的行为方案,即"当考虑到所有可以得到的信息时,从总体上看可以给予我们最大的善的期待的行为方案，或者从总体上看可以给予我们最小的恶的期待的行为方案"。罗素之所以决定用这种方式来看待客观上最好的行为方案，其根据主要在于他认识到：存在一些明显的例子，在其中，最幸运的行为方案并不是客观上应做的正当的事情。对于那些给人类带来了大规模死亡和毁坏的人，如果护士在他们出生时就把他们杀死的话，那么对社会所造成的客观后果显然就会更好些。然而正如罗素所承认的，如果那些被委托照看婴儿的人去从事婴儿谋杀，那么这并不是客观上正当的事情。因为根据罗素的看法，说某个儿童最后会成为社会的一种危害，这本来就是极不可靠的事情。我们全都知道希特勒后来成为多么邪恶的东西，但是谁能在他出生时就预料到这一点呢？⑦

没有人能够预见未来，或者决定任何一种行为可能拥有的方方面面的结果。然而，既然当事人不可能弄清未被选择的行为方案所产生的那些结果，也就不可能把那些结果与被选中的行为方案所产生的结果进行比较。因此，也就不可能确定被选中的行为方案事实上是否就是所有可选方案中最好的一种。

这些推理证明了罗素的这种做法，即把"最明智的行为方案"选作当事人要去做的"正当的"事情是合理的。"最明智的行为方案"，也就是那种从当事人所占有的所有信息来看很可能拥有最好结果的方案。通过这种方式，罗素在纯粹主观的选择和无法决定的客观上最好的行为方案之间提供了一种折中办法。这里所提到的纯粹主观的选择是不能让人接受的,因为它使伦理学不可避免地变成了主观性的东西。罗素没有就此打住。他接着区分了客观上需要完成的最佳的事情和主观上需要完成的正当事情;而且,他通过这一区分,精确地向我们阐明了他偏爱哪一种类型的唯效果论。

根据罗素的看法,在"应该"(ought)的客观意义上,一个人应该做客观上正当的事情。然而,自相矛盾的是,他也认为,在这个词的主观意义上,一个人可能必须去做客观上不正当的事情。正是在这点上,罗素的伦理学理论绕了一个有趣的弯。现在,他认定道德就是主观上需要完成的正当的事情。他认为,当事人将要被表扬还是将要被责备,依赖于这样的情况,即他们是否有所行动去完成他们在"经过适当的真诚思考"之后判定为正当的东西。对于罗素来说,适当的真诚思考是"这种决断的难度和重要性"的一个函数。⑧

这些看法的要旨在于,对罗素来说至少有三种唯效果论:(1)根据最幸运的结果去判断一个行为正当性的那种唯效果论;(2)根据客观上最好的结果去判断一个行为正当性的那种唯效果论;以及(3)根据主观上最好的结果去判断一个行为正当性的那种唯效果论。就希特勒这个例子来说,我们已经看清楚从立场(1)和立场(2)来看什么样的结论会被判断为"正当的";而且由(2)所决定的行为选择方案何以比由(1)所决定的选择方案更可取。但是关于(3),情况又如何呢?

为什么罗素更愿意把这种方式，而不是（2）的方式作为进行表扬或责备的基础呢？要回答这个问题，先让我们想象有一个内科医生，他不知道有一个统计学的证据表明：对于治疗某种血液循环问题，一种特定的药物治疗方法比他所知道要靠其治疗的那种药物要稍微好一些。进一步想象一下：在确定药物疗法来消除这种血液循环方面的病痛之前，他定期地与他的同事磋商。他这样做是想确定是否会有更好的可取的治疗办法，而且想象他的同事也不知道还有一种更好的治疗办法。进一步设想，我们的这位内科医生已经有几周的时间没有和他的同事联系了，此时还有一位病人在向他请教关于所提到的这种血液循环问题。我们的内科医生考虑到了这个事实，即他没有和他的同事磋商，但是由于他过去开那种药的有效性，他在这些病例下习惯地也开了那种方子。由于进行了"适当的真诚思考"，他满足了罗素所说的条件。在这个例子中，这些特定的情况不会保证他花更多的时间和努力来确定他应该遵循什么样的行为方案。我们绝不会因为他没有这么做而去责备他。这个例子证实了罗素的这一主张，即做主观上正当的事情也可能就是去做客观上不正当的事情，而且这就解释了为什么罗素更愿意把（3），而不是把（2）作为进行表扬或责备的基础。

这些论点使得罗素站到了行为功利主义的一边，而不是与之相对的规则功利主义的一边。当罗素撰写《伦理学初步》的时候，哲学家们尚未作出关于行为功利主义和规则功利主义的区分。行为功利主义接受功利主义的这条基本原理，即"始终把最大限度地增加这个世界上的善作为你的行为方式"，同时还把这条基本原理直接用来确定道德义务。假如在某些情况下，撒谎比说真话会取得更好的结果，那么在这些情况下人们就有义务去撒谎。另一方面，规则功利主义把功利主义的这条基本原理看成是那种遵循某些规则的隐藏着的正当理由。规则功利主义者通过对照被这条原理证明为正当的那些规则而决定怎样去行动。他会主张，功利主义的基本原理证明了反对撒谎的道德规则是正当的，而且从较长的时间来看，说真话将会比撒谎取得更好的结果。不管决定他的选择的特定情况是什么，他都将避免撒谎，并讲真话。然而，罗素的确探讨了道德准则，而且他既认识到了它们对伦理学的重要性，也认识到了对结果的考虑在多大范围内证明了它们是正当的。对于和《十诫》中的规则相类似的规则，当他作出以下的断言时，他听起来就像是一个规则功利主义者了：在几乎所有的情况下，遵循它们都会比不遵循它们取得更好的结果，而且对这些规则正当性的证明不完全独立于各种结果。⑨然而，这种认识和将要被我分立出来的、名为"包含一切的主观行为唯效果论"、且被归属于罗素的东西相一致。

　　罗素不会接受关于功利主义基本原理的古典表述，即"始终把最大限度地增加这个世界上的善作为你的行为方式"。由于他主张当事人一定是对期待中的（或者说可预言的）而非实际的结果感到满足,因此当事人只能被迫去做他本人认为将会拥有最好结果的行为。罗素在这个问题上的观点,决定了要对功利主义基本原理进行如下的重新表述:"把最大限度地增加这个世界上可期待的善作为你的行为方式。"为了便于标明两种表述的差别,采纳功利主义基本原理的古典表述的那种行为功利主义可标示为客观的行为功利主义;采纳由罗素观点所决定的对这一原理的重新表述的那种行为功利主义可标示为主观的行为功利主义。

然而,由于允许个体当事人有太多的选择自由,主观的行为功利主义遭受了批评。尽管通过某种特有的方式所作出的一次个体行为,也很可能会增加这个世界上的愉快和善,但是如果每一个人、甚至是大多数人都作出了这同一种行为,就会产生灾难性的后果。一个单独的个体(比方说)纳税或是不纳税,将不会明显地增加或减少这个世界上的善。某个明白了这一点的个体很可能会选择不纳税,因为不纳税将会为他的家庭带来善的结果。但是假如每一个纳税者或者大多数的纳税者都得出这同一种结论,并且也拒绝纳税,那么其后果将会是灾难性的。

这类考虑可能会使人更愿意选择规则唯效果论而不是行为唯效果论,因为它意识到,为了产生最佳的结果,我们采取一致的行动是重要的。然而,这批评可以被驳回。

首先,规则功利主义自身就易于招致严重的反对。它意味着,不管其结果如何,在道德上我们都应该坚持道德规则。它将会强行作出让人无法接受的选择。比如，它禁止人们为了挽救生命而撒谎。除此之外，行为功利主义并不拒绝遵守规则。我们总是应该使我们的行为产生最好的结果，这与我们有时必须遵循规则这一思想是相容的；而且，正如我在前面所指出的那样，这种修改与罗素关于遵守规则所说的话是一致的。

然而，这种修改过的形式即行为功利主义的包含一切的表述，解决不了纳税一例所详述的问题。由于我们当中的每个人都可以想象使用税金，而且，与政府对使用税金所产生的愉悦相比，这种使用可以产生更大的愉悦，所以当我们独立行动的时候，我们当中的每个人都将被迫忽略这个规则，并使其对我们自己成为例外。在个体对自己的特定行为进行估价时，那种因为我们当中绝大多数人即使是许多人拒绝纳税而产生的灾难性后果，将不会列入考虑。由遵循规则的行为而积累起来的优势似乎是不可能存在的,除非多数人都在从事那些相关的实践；而通过一种唯效果论的规则形式,就可以最充分地做到这一点。唯效果论的规则形式认为，这些规则是自明的，也就是说，除非有某种占绝对优势的相反的考虑，否则这些规则就决定了我们应该去做什么。尽管这里似乎意味着罗素会被证明是更明智的——假如他接受的是规则功利主义某种自明的形式而非其某种行为的形式，但是表面现象可能会使人上当受骗。

这种自明的形式要求当事人始终必须去估价与他所要完成的行为有关的特定情况，以便决定在这种情况下道德规则是否应该得到遵守,或者是否有某些占绝对优势的情况使得它们成为无法应用的。当事人绝不把他的道德决断建立在规则自身的基础上。相反,他始终必须决定是否要依据规则去行动。这一考虑的要旨在于,规则功利主义的这种应变论的(situationistic)形式,不可能从我先前所提到的包含一切的行为功利主义中区分出来。

而且,如果我们利用帕尔菲特(1984)的术语,并在关于包含一切的行为功利主义的个体主义解释和集体主义解释之间进行区分的话,我们就可以抵制罗素的行为功利主义形式在面对纳税之类的情况时所遇到的反对意见。关于包含一切的行为功利主义的集体主义解释,认为功利主义的基本原理要求人们总是根据那些方式去行动;而有时候这就相当于遵循规则。如果我们集体地或者说作为一个团体去行动,这种情况就将最大限度地增加这个世界中的善。这种解释把纳税的义务强加到了当事人身上。在罗素所说的话中,没有任何东西可以阻止我们认为罗素的观点倾向于对包含一切的主观功利主义的集体主义解释;这种看法的证据,在于他提出了——如同我在前面所指出的那样——这样的主张:遵循与构成了《十诫》的规则相类似的规则,"几乎在所有情况下都会比不遵循它们得到更好的结果"。

罗素认为,善是一种性质;而且还认为,为了获得关于"正当"和"不正当"的全面描述,理性直觉和良心一定要与唯效果论相结合（他在《伦理学与政治学中的人类社会》中抛弃了这种观点）。撇开罗素这种思想中的那些内在困难不谈，他在《伦理学初步》中所坚持的伦理学理论在很大程度上还是可以得到辩护的。我已经提供了相当于对他理论中的那些方面进行辩护的某种东西，这与我所提到的对包含一切的行为功利主义的集体主义解释相一致。

伦理学是否应该被看作是科学的一部分而不是与科学相对的东西？在本章的开头部分，我断言，在回答这一问题上，罗素是正确的，而艾耶尔是错误的。对我来说，似乎显而易见的是，道德规则是基于或者说起源于一系列复杂的道德实践，人类利用这些道德规则来促进相互间的和谐共存，并因此减少恐惧、伤痛及苦难。我们愿意以本质上是唯效果论的方式去行动，而且以这种方式去确定我们应该怎样行动。这种基本的、基于唯效果论之上的一系列道德实践，是任何形式的唯效果论所拥有的任何程度的可信性的动力及基础。然而，最重要的是，当以适当的方式去理解它们，并把它们从宗教信念及哲学的晦涩中摆脱出来的时候，这些道德实践就和任何一种其他的经验现象一样是可决定的，并可以被证明是正当的——这就是说，通过经验，它们是可以证实的。

当我谈论伦理学中的证实这一概念时，我只不过是在谈论那些根据可观察的结果被接受或拒斥了的道德规则。在开始的时候，一条道德规则几乎只不过是一种未被证实的但却貌似有理的"假定"。在科学上,当我们系统阐述一个假设的时候,我们就是在对某种被观察到的现象提出大胆的解释,而且这样做了之后,我们就去构造将证实或否证我们那个假设的实验背景。伦理学并不是通过与此相同的方式发展起来的。但是,这样做即依据规则或实践去谈论行为的经验结果,依然的确是合情合理的。而且,我们还可以把人类历史作为证实或否证各种实践(包括伦理的实践)之有效性的实验背景来进行有意义地谈论。比如,以道路建筑及道路维护这一普遍的实践活动为例。显然,这种实践可能通过其结果而被证明是正当的,即使它当初并不是以严格的科学的形式出现的。从历史上看,人类所踏出的山间小径以及鹿所走过的小道,都是一种尽可能有效地到达基本需求物(比如,可用的饮用水)的发源地的手段。最终,当人类在认识上变得越来越有能力的时候,他们开始认识到这类小道的优势,并因此去建造更好的小道,并去维护它们;最后,这导致了今天的复杂且高效的高速公路系统。我们通过直觉知道,对我们的生存来说,某些行为是必要的。但我们并不是通过直觉知道下述这一点的:与未得到良好规划及维护的那些道路相比,得到了良好构造及维护的道路具有明显的优点。这是我们必须了解的某种东西,它已被我们的经验所证实。

像任何其他的科学事业一样,伦理科学也是一种动态的及可变的活动。它需要根据新的及意外的发现接受修改。科技领域中的新事物带来了新的伦理问题。克隆、体外受精、器官移植及计算机网络等等,迫使我们重新思考道德实践,并调整它们以使其涵盖这类新事物。当我们这样做的时候,我们就等于大胆提出了一个假设。这是关于当我们改变实践,以便裁决意外出现的事实时所产生的结果的假设。这个问题即该类假设是否将会经受住时间的检验,总是悬而未决的。

我一直在为罗素伦理学的经验主义方法实质进行辩护。在其细节问题上,我不同意罗素的看法。我将暂不讨论这些细节,直到我考察了他后来的著作《伦理学与政治学中的人类社会》之后。只是在后来这部著作中,罗素才非常详细地表达了他的伦理学理论,这是因为它的缺点变得明显了。

在《伦理学和政治学中的人类社会》中,罗素保留了他的唯效果论,这是就其保留了下述这种思想来说的:一个行为的正当性可以通过其可能的结果来决定。但是,罗素在这里放弃了他的直觉主义。他也放弃了这种思想即善是一种非自然的性质,他对于这一放弃多少是有点不情愿的。他承认,就我们应该做什么这一问题来说,在文化、民族、宗教甚至个体之间,存在着很多的差别;他详细阐述了这一事实。[10]从他对道德准则(或者说我们应该做什么和不应该做什么)这个问题上所存在的普遍分歧的观察,他得出了这样的结论:我们对于伦理学中某种客观性的唯一的希望,是去发现"行为应该为之服务的某种目标,并且,当其适于促进这一目标时,就判定该行为是'正当的'"。这导致他得出更进一步的结论:与其说"正当的"和"不正当的"是"伦理学中的基本概念",倒不如说"善的"和"恶的"是"伦理学中的基本概念"。⑪然后,他阐述了作为本质性的善的概念。本质性的善是与工具性的善相对照的东西。他说:"假如一个事物是由于其自身的缘故而不仅仅是因为其效果才被人加以评价的话,这个事物就是'善的'——这是我所希望的使用这个词的方式。"⑫然后他继续把"善"定义为"愿望的满足"⑬,并区分了"局部的"(partial)与"一般的"(general)善。他把后者定义为"愿望的总体的满足,无论谁都可以享受这种满足";局部的善指的是那些把满足给予了某些个体或团体的善,同时它也就不再把满足给予其他的个体或团体。

然而,这里出现了一种模棱两可的性质。人们可以用"一般的善"来指那种把满足给予了所有或绝大多数社会成员的东西,也可以用它指在某一给定时间世界上出现的满足减去出现在同一时间的不满足所得到的数目上的总和。人们可以认为,愉悦及某种别的内在价值是一般的善。但是人们也可以认为,在历史上的某一给定时期里,减去世界上的痛苦之后所得到的愉悦的总和,就是一般的善。任何一种理论,如果采取了对一般的善的后一种看法,都会遭到人们对唯效果论所提出的传统的反驳。

满足某一给定人群中多数人的利益,而同时又伤害同一人群中少数人的利益,这种做法可以最大限度地增加一般的善;

而且，即使少数人群体可能不得不遭受巨大的残忍行为，这种做法也能最大限度地增加一般的善。关于这类不公正，奴隶制度提供了一个令人信服的例子。它使作为多数人的统治阶层受惠，但是对奴隶来说，它创造了令人难以置信的苦难与痛苦。凡是它存在的地方，唯一公正合理的解决办法就是消除它。然而，对所提到的这种理论来说，这样做是不幸的。由于会对占多数人的统治阶层产生不愉快的结果，所以，与保留奴隶制度这样的做法相比，如果消除它的话，那就会在世界上创造巨大的更多的不愉快。因此，上述这种理论就会被迫采取一种不公正的行为方案。它将被迫为奴隶制度的保留进行辩护。

然而，假如人们在我前面所介绍的第一种意义上构想一般的善，即"把它构想为那种把满足给予所有的或绝大多数社会成员的东西"，那么人们就能够驳回这类反对意见。罗素确实认识到了，在重要性上，一般的善超过了个体的善。他说："道德的主要目的是促进对团体的利益的行为，而不仅仅是促进对个体的利益有利的行为。"但是我们完成这个目标的能力，依赖于我们回答这个问题的能力："什么东西使得社会绝大多数或所有成员会得到最大限度的满足？"通过主张这种东西就是"和谐共存"，人们就能用一种令人满意的方式回答这个问题。对于促进人与人之间和谐共存，道德规则只不过是一个经验上必要的条件。这里所说的"经验上"是与"逻辑上"相对而言的。多数人对平等权利原理的侵犯行为，对于那些被这类侵犯剥夺了平等权利的人来说，产生了一种令人无法容忍的存在；并且，这类侵犯最终导致了国内的动荡、骚乱及革命。因此，尽管通过这样的途径即让同一个地区全体人口中少数人的利益受到伤害，同时使得这个地区全体人口中多数人的利益得到满足，可以在某一给定的时间段中使得善达到最大限度，但是，对所涉及的所有人来说，它最终将会引起更多的苦难、痛苦，并使得和谐共存成为不可能。

罗素没有意识到我努力去阐明的这种模棱两可性。但他确实尽力解决关于一般的善的后一种概念所产生的这类困难，包括奴隶制问题。他试图去解决由那些相互冲突的团体的需求所产生的那一类争论，而其办法则在于把这样的争论还原为良心上相互冲突的需求。相互冲突的团体指的是，奴隶主与奴隶，一个国家、宗教和家庭与另外一个国家、宗教和家庭，等等。根据罗素的看法，对于这类冲突实施理论上的解决，可以通过确立一种关于良心正当性的客观检验办法而最充分地达到。[14]

对罗素来说，伦理学的中心问题是："在伦理学中，经过最终的分析之后，是否存在某种非主观性的东西？"他认为，假如我们首先确立"一系列基本命题与定义"，它们构成了"一组互不冲突的伦理学命题"，而且，假如它们"是在与自然科学相同的意义上为真或为假的"，那么，这个问题可以得到最充分地解决。[15]他所提出的这组命题可以简化并陈述如下：

（1）那些被人赞同的行为，就是那些被人认为很可能在总体上拥有某种类型效果的行为；那些没有得到赞同的行为，就是那些被人认为很可能拥有相反效果的行为。

（2）被人赞同的行为被定义为"善的"，没有得到赞同的行为被定义为"恶的"。

（3）在各种可能的结果中，根据可得到的证据，很可能拥有最好结果的那些行为被定义为"正当的"行为；这些具有其他可能结果的行为被定义为"不正当的"。

（4）赞同正当的行为并反对不正当的行为，是正当的。

尽管罗素声称这组基本的伦理学原理是在与科学命题相同的意义上为真或为假的，但他坚持认为，他们可以用来描述"感情（emotion）和情感（feeling），即赞同的感情以及喜悦和满足的情感"。根据罗素的看法，正是赞同的感情被包含在"正当的"和"不正当的"这两个概念的定义之中；而且，正是喜悦和满足的情感被包含在"内在的价值"这个概念的定义之中。⑯根据这些论点，我就能够澄清我前面的主张，即：尽管在伦理学的可描述的本质这个问题上我同意罗素的看法，但我不同意他的那些细节。正如我在上面所指出的那样，我的观点是：道德准则（例如"人不应该撒谎"）自身是可证实的；它们只不过是复杂的道德实践的理论总结。由于这些道德实践使得我们和睦地生活在一块成为可能，它们已被证实可以产生普遍的愉悦。我愿意承认，罗素在我们的感情和情感这些问题上所做的断言是正确的，但我还要指出，一种基于这些事实的伦理学是缺少客观的正当性证明的。在罗素论述伦理学的两部著作中，他强调结果对于伦理学的客观的描述的重要性。他承认，道德的主要目的是促进服务于团体利益的行为，而非仅仅是促进服务于个体利益的行为。但是，他没有采取关键步骤来把伦理学勾画为一组能被证实已经实现了团体利益的原理或实践。他对伦理学的描述本质上是一种因果的描述。他在人类的感情和情感中发现了伦理学存在的原因。然而，他没有理解对伦理学的解释和对伦理学的正当性证明这二者之间的区分。这二者都可以从经验上加以完成。他混淆了这二者；尽管他对伦理学提供了一种经验的或因果的描述，但是由于这种混淆，他没有充分意识到唯效果论自身不仅仅是伦理学客观性的基础，同时也是伦理学的正当性的证明。

注释：

① 诺埃尔-史密斯（1954）。
② 罗素（1910），第13页。
③ 艾耶尔（1972），第129—130页。

④ 罗素（1910），第 15 页。
⑤ 同上书，第 21 页。
⑥ 同上书，第 21 页。
⑦ 同上书，第 30—31 页。
⑧ 同上书，第 32—36 页。
⑨ 同上书，第 29 页。
⑩ 罗素（1955），第 17—30 页。
⑪ 同上书，第 26 页。
⑫ 同上书，第 31 页。
⑬ 同上书，第 36 页。
⑭ 同上书，第 61 页。
⑮ 同上书，第 91 页。
⑯ 同上书，第 92—98 页。

7

On Russell —— 上帝、宗教与生命的意义像绝大多数人一样,罗素是在信仰上帝的过程中长大的。像绝大多数英国人一样,他是在家庭和学校这两个场所被教育成一个基督徒的。但是,像绝大多数有哲学才能及理智能力的人一样,他不可避免地开始怀疑起了上帝的存在及基督教的信念。最终,他变成了一个不可知论者及反基督徒。

早在他十几岁的时候,在一定程度上受到其祖母的影响,他"对宗教产生了强烈的兴趣,并接连考察关于自由意志、灵魂不朽及上帝的论证"。在他放弃信仰上帝之前,他放弃了对自由意志以及灵魂不朽的信仰。他一直信仰上帝,直到他18岁为止,因为他相信上帝存在的第一因论证是有效的。但是在18岁时，由于阅读了约翰·斯图亚特·密尔的著作，他认识到第一因论证是错误的，并成了不可知论者。在其后来的生命历程中，他一直是不可知论者以及基督教的反对者，同时也是一般宗教的反对者。

大约就在放弃信仰上帝的同时，他进入了剑桥大学；而且，由于受到了他的老师——其中最有影响的一些人是柏拉图主义者及黑格尔主义者——的影响，他在哲学中寻找宗教上的满足。甚至在他放弃黑格尔之后，他继续崇拜柏拉图所构想的那个永恒的无时间的世界。在二十几岁的时候，他开始严肃地对待斯宾诺莎的著作。在这个时候，斯宾诺莎的泛神论宗教对罗素具有巨大的吸引力，并连续多年影响着他在生命的意义这个问题上的看法。然而，他始终意识到，神秘主义在他身上所引起的热情类似于英国纯种马所特有的那种烈性，它必须通过逻辑与科学的约束来加以抑制。不受约束的激情，像脱缰的英国纯种马一样，容易把人带到人迹未至的地方。

终其一生，罗素都反对各式各样的对上帝存在的古典证明，即本体论的证明、宇宙论的证明，以及目的论的证明。他概括性地评价了关于上帝存在的这些证明：只有那些已经确信上帝存在的人，才会发现它们是令人信服的。他认为，人们是受教育的引导才信仰上帝存在的，而不是通过理智的证明做到这一点的。他们信仰上帝，是因为有人教他们这样做的，而且这是他们信仰上帝的主要原因。但是，他也补充道，这些信念是建立在情感的而不是理性的基础上的。①

对人们信仰上帝存在的理由作出解释是一回事，而对这种信仰的正当性证明是另外一回事。相信上帝的愿望有多种解释，但是根据罗素的看法，这主要是由害怕的情感所引起的。根据罗素的看法，对这种信仰的正当性证明不可能通过演绎的方法来实现，因为它是一个经验的问题。在这个问题上，罗素的立场可以用一个经常被人重复的轶事最恰当地代表。据称，在90岁时，他参加一次晚餐聚会时，一位被他的不可知论惹恼了的妇女问他：如果他死后被带到上帝面前，他会说些什么。他作出了有名的回答："为什么你对你自身的存在并没有提供什么证据呢？"

在其一生的绝大部分时间中，罗素都是基督教的反对者。他不仅认为，它的主要人物耶稣基督也许并未真正存在过；而且认为，即使他存在过的话，他肯定既不是"最高的智慧"，也不是"最高的善"。他断言，与基督相比，苏格拉底更值得尊重。②

为了反对这样的观点即基督是最高的智慧，罗素引用《福音书》中的故事作为证据。他指出，基督告诉了他的追随者们这样的事情："你们不应该踏过以色列的这些城市，直到人子到来"；"在场的这些人中，有的不会尝到死亡的滋味，直到人子进入他的王国"；"不要思考明天"。罗素认为，这些引文证明了基督相信他的第二次降临将会发生在许多在场者的有生之年。罗素指出，他的追随者们确实相信他不久就会回来，而且他们也据此作出相应的行为。他们忽略了他们日常的事务，而他们最终当然是失望的。既然这些人认为他的第二次降临即将到来，所以基督不可能是很聪明的，当然也更不可能是最有智慧的。罗素也引用了《福音书》作为反对基督是最高的善这一基督教的教义。他对这一事实感到愤怒：基督定要对那些不相信他的人判处永久的地狱火刑。他尤其对基督的这种说法感到愤怒："你们这些蛇，你们这些蛇的后代，你们怎能逃脱地狱的惩罚呢？"以及"说了圣灵坏话的人在今生以及来世都将不会得到宽恕"。由于基督是如此频繁地谈论他们的"嚎啕痛哭及咬牙切齿"，所以他甚至推断基督一定会从下面这个事实中得到满足：罪恶者及不信他的人将会遭受"嚎啕痛哭及咬牙切齿"的痛苦。罗素发现难以相信这样的事情：不用说一个具有最高的善的人，哪怕是一个普通的好人，竟会在其他人中间灌输"害怕与恐惧"。③

罗素反对基督教，还因为它经常阻碍科学及社会的进步，而且它应对人类所遭受的许多痛苦与苦难直接负责。根据罗素的看法，"在人道情感上所取得的每一点进步"都为基督教会所反对，而且，"它还是世界道德进步的主要敌人"。另外，为了自身的生存，科学就不得不勉力地、"一步一步地与基督教展开斗争"。④作为基督教使人们长期遭受的痛苦与苦难的例子，罗素引用了像十字军东征和烧死巫婆这类事件。他尤其对这个事实感到恐惧：作为《圣经》中"你们不要让巫婆活着"这一告诫的结果，仅仅在1450—1550年之间，在德国就有10多万妇女被处以死刑。⑤

由于这些原因，也由于其他一些因为数量上太多以致无法在本书中加以考虑的原因，罗素放弃了对基督教上帝的信仰。然而，他没有放弃完全可以说是宗教的本质的东西，即为生活寻找某种意义的需要。1910年，当他和妻子艾丽斯与他的朋友及合作者A. N. 怀特海及妻子艾维琳合住一所房子时，他有过一次神秘的体验。他称这次体验改变了他的生活。他把它称为"皈依"。罗素对艾维琳很有一种爱慕之心。那时，艾维琳正患有严重的心脏病。一天晚上，在参加完由吉尔伯特·穆雷所组织的关于他的《希波吕特斯》部分译稿的读书会之后，罗素和艾丽斯回到家中，发现艾维琳正遭受着巨大的痛苦。这种痛苦是如此之大，以致她似乎完全割断了和任何人的联系。罗素声称，他深深地被她的"孤独"感所感动了。他感到那正是人类存在的本质。⑥

许多年以后，罗素试图描述这种神秘的体验。他把它描述成了具有以下四重特征的东西：（1）对实在的直观的把握；（2）对作为统一的实在的信仰；（3）相信时间是不真实的；以及（4）相信邪恶也是不真实的。尽管在这之后的日子里，在分析及理性的引导下，他断定浓缩在这四个特征中的那种神秘的信念是错误的，但是他依然确信"有一种智慧的成分，需要我们从这种神秘的情感方式中去领会"。他声称,尽管这种情感或感情要对这种错误的神秘主义的信念负责,但它仍然是"人类身上所具有任何一种最美的东西的催生剂"。他说,即使是似乎与神秘主义相对立的科学,也"能够从那种恰恰是神秘主义所生存并活跃于其中的令人敬畏的情绪中获得激励与营养"。⑦

尽管认识到了神秘主义体验的意义,罗素还是明智地克制了自己,不让自己作出那种很多人会不得不从这种体验中作出的推论。他没有愤世嫉俗,放弃他的职业,预订去尼泊尔的船票,穿着藏红花黄的道袍,匍匐在某位圣徒的膝下去寻求某种心灵上的满足。相反,他保留了对客观性的追求,并依然忠于其固有的怀疑主义本性。事实上,在我刚才所引用的同一部著作中,罗素在名为"一个自由人的崇拜"这个标题下面,表达了关于人类生存的一种极端悲观主义的及虚无主义的观点。他在这部著作中所表达的观点,明显地与存在主义者(尤其是萨特和加缪)所表达的观点相类似。像萨特一样,他也关心这样的问题:假定对上帝存在的信仰不再是一种理性上可选择的行为,人类在自然界中的地位会怎样呢?像加缪一样,他也拥护那种大胆挑战命运的行为,认为这是对付在上帝存在问题上的怀疑主义所制造的悲观主义及虚无主义的唯一途径。由于没有了上帝,这个宇宙似乎就是无意义的、冷漠的、不友好的,同时充满了不愉快的事情,并最终走向毁灭。他在这篇论文的结尾写下了下述这段话:

人的生命是短暂而无力的：对他及其同类来说，那缓慢的、但却一定会到来的末日审判将会是残酷的、黑暗的。无视善与恶，不顾所造成的毁灭，具有无限毁灭力的事情接连不断地出现。对于人类来说，今天注定要失去最亲爱的人，而明天自己却又濒临痛苦的边缘。然而，在灾难来临之前，唯一可做的事情就在于拥有高贵的思想、一种可以使所剩无几的来日变得有尊严的高贵思想：鄙弃命运女神的奴隶所拥有的那种懦弱的恐惧；崇拜用自己的双手所建立起来的圣坛；不对偶然性的帝国感到惊慌，让心灵从统治肉体生活的任性的专制中解放出来；以一种令人自豪的方式蔑视那种不可抗拒的力量，这种力量在短暂的时间内忍心让他的知识和他的缺陷像一个疲倦而又顽强的阿特拉斯一样，单独地支撑这个世界——这个世界已被他的理想所改变，尽管有种无意识力量在践踏着它。⑧

尽管在关于人在自然界中的地位这个问题上他所采取的悲观主义及虚无主义的观点和他时常采取的那种比较乐观主义的观点形成了明显的对比，尽管它是在罗素生活发生危机的时候发表的，但它仍然代表了罗素对待怀疑主义的一般倾向。关于在生命的意义这个问题上所采取的虚无主义观点，在一定程度上是认识论的怀疑主义的后果。在关心生命意义的当代哲学家中，托马斯·内格尔——即使不算是最有影响的人，那也是最有影响的人之一——在论证生活是荒谬的这个观点的过程中，把认识论上的怀疑主义作为这个论证的一个必要条件。⑨

我吃惊地发现，一些罗素哲学的评论者想把他看成某种宗教信仰者。一些人更离谱地声称，尽管其基于理性基础之上的哲学观点是不可知论的，但他与他的朋友相处时的言行，尤其是——人们可能以一种讽刺的趣闻式的方式注意到——罗素与他所爱的人相处时的言行，与他的哲学是不一致的。他们认为，他的行为和生活就是一个热诚地信仰上帝的人的生活。⑩这种观点不值得推荐。这不过是那些确信上帝存在的人想在某个像罗素那样如此卓越、如此有影响的人的身上寻找一个同盟者的愿望而已！

最好让罗素自己出面说话。在71岁，总结他有生以来在人存在的意义这个问题上所关心的事情时，他说：

○ 对于似乎处于人类生活之外的某些事物——这些事物应该得到人们的敬畏感——所引发的感情来说，我总有一种强烈的愿望要为它找出某种正当性的证明……那些试图创造出某种人道主义宗教的人并未满足我的感情；这里所说的人道主义认为，没有什么东西比人更伟大。而我仍然不能相信这一点，即在这个已知的世界上,超出人类之外(或者在小得多的程度上,超出动物之外),还有任何值得我珍视的某种东西。并非布满繁星的天空而是它们在有感知能力的人类身上所产生的效果,才是最卓越的。为宇宙之大而崇拜宇宙,是奴性的、荒唐的。因此,我在理智上赞成人道主义,尽管我在感情上强烈反对它。在这方面,"哲学的慰藉"并不是对我而言的;相反,以一种更纯粹的理智的方式,我已经在哲学中找到了和任何人所能够合理期待的东西一样多的满足。⑪

注释:

① 罗素(1946),第 65—69 页。
② 罗素(1946),第 67 页。
③ 罗素(1946),第 66—69 页。
④ 罗素(1946),第 69—71 页。
⑤ 罗素(1955),第 11 页。
⑥ 罗素(1951),第 193 页。
⑦ 罗素(1927),第 25—29 页。
⑧ 罗素(1927),第 14 页。
⑨ 内格尔(1971)。
⑩ 布赖特曼(1944)。
⑪ 罗素(1943),第 19 页。

On Russell —————— 参考书目

J. L. 奥斯汀（1962）:《如何以言行事》（Austin, J. L., 1962, *How to Do Things with Words*, Cambridge Massachusetts: Harvard University Press.）

A. J. 艾耶尔(1936):《语言、真理与逻辑》,第二版(Ayer, A. J., 1936, *Language Truth and Logic*, 2nd edition, New York: Dover Publications, Inc..）

（1972）《伯特兰·罗素》, 载《当代哲学大师》（1972, Bertrand Russell, *Modern Master*s, ed. Frank Kermode, New York: The Viking Press.）

C. P. 贝克、P. M. S. 哈克（1984）:《语言、意义与无意义》（ C. P. Baker and P. M. S. Hacker, 1984, *Language, Sense & Nonsense*, Oxford: Basil Blackwell.）

E. S. 布赖特曼（1944）:"罗素的宗教哲学"（Brightman, Edgar S., 1944, "Russell's Philosophy of Religion" in Schlipp, 1944, Vol. II, pp. 539-556.）

R. 卡尔纳普（1932）："通过语言的逻辑分析清除形而上学"（Carnap, Rudolph, 1932, "The Elimination of Metaphysics Through Logical Analysis of Language" reprinted in *Logical Positivism*, ed. A. J. Ayer, New York: The Free Press, 1959.）

P. 丘奇兰（1984）：《物质与意识》（Churchland, Paul, 1984, *Matter and Consciousness*, Cambridge, Mass.: Harvard University Press.）

K. 哥德尔（1944）："罗素的数理逻辑"（Godel, Kurt, 1944, "Russell's Mathematical Logic" in Schlipp, 1944.）

H. P. 格赖斯（1967）："逻辑与对话"（Grice, H. P., 1967, "Logic and Conversation", reprinted in *The Logic of Grammar*, ed. Donald Davidson and Gilbert Harman, Encino and Belmont, California: Dickenson Publishing Company, Inc., 1975, pp. 64-75.）

P. M. S. 哈克（1996）：《维特根斯坦在二十世纪分析哲学中的地位》（Hacker, P. M. S., *Wittgenstein's Place in Twentieth Century Analytic Philosophy*, Oxford: Blackwell Publishers.）

W. 尼尔和 M. 尼尔（1962）：《逻辑的发展》（Kneale, William and Martha, 1962, *The Development of Logic*, Oxford: The Clarendon Press.）

D. 克拉克（1998）：《维特根斯坦的〈逻辑哲学论〉》（Kolak, Daniel, 1998, *Wittgenstein's Tractatus*, Mountain View California: Mayfield Publishing Company.）

L. 林斯基（1967）：《指称》（Linsky, Leonard, 1967, *Referring*, New York: Humanities Press.）

G. E. 穆尔（1959）："怀疑论的四种形式"（Moore, G. E., 1959, "Four Forms of Skepticism" originally published in *Philosophical Papers*, London: George Allen & Unwin LTD.）

（1936）"存在是一个谓词吗"，又载于《哲学论文》（1936, "Is Existence a Predicate?", reprinted in *Philosophical Papers*, London: George Allen & Unwin LTD, 1959.）

（1952）《G. E. 穆尔的哲学》（1952, *The Philosophy of G. E. Moore*, *The Library of Living Philosophers*, ed. Paul Arthur Schlipp, New York: Tudor Publishing Company.）

T. 内格尔（1971）："荒诞"（Nagel, Thomas, 1971, "The Absurd", *The Journal of Philosophy*, pp. 716-727.）

P. H. 诺埃尔-史密斯（1954）：《伦理学》（NowellSmith, P. H., 1954, *Ethics*, Harmondsworth, Middlesex: Penguin Books.）

S. J. 奥德尔（1984）："意义的释义理论"（Odell, S. Jack, 1984, "A Paraphrastic Theory of Meaning", *Theoretical Linguistics*, Vol. 11, No. 3.）

S. J. 奥德尔、J. F. 扎特曼（1982）："对可证实原理的一种可辩护的阐述"（Odell, S. Jack and James F. Zartman, 1982, "A Defensible Formulation of the Verification Principle", *Metaphilosophy*, Vol. 13, 1.）

D. 帕尔菲特（1984）：《理由与人》（Parfit, Derek, 1984, *Reasons and Persons*, New York: Oxford University Press.）

H. 赖欣巴哈（1944）："伯特兰·罗素的逻辑"（Reichenbach, Hans, 1944, "Bertrand Russell's Logic", *in Schlipp*, 1944.）

B. 罗素（1903）：《数学的原理》（Russell, B., 1903, *The Principles of Mathematics*, London: George Allen & Unwin LTD.）

（1905）"论指谓"（1905, "On Denoting", Davidson and Harman, 1975.）

（1908）"建立在类型论基础上的数理逻辑"（1908, "Mathematical Logic as Based on the Theory of Type", *American Journal of Mathematics*, XXX, pp. 222-262, reprinted in Logic and Knowledge, pp. 59-102.）

（1910）《数学原理》（1910, *Principia Mathe-matica* to*56, Cambridge, England: Cambridge University Press, 1964.）

(1910)"伦理学初步"(1910, "The Elements of Philosophy", in *Philosophical Essays* revised edition, London: George Allen & Unwin LTD.)

(1912)《哲学问题》(1912, *The Problems of Philosophy*, New York: A Galaxy Book, Oxford University Press, 1959.)

(1917)"一个自由人的崇拜"(1917, "A Free Man's Worship" from *Mysticism and Logic*, London: Allen & Unwin.)

(1918)"逻辑原子主义哲学"(1918, "The Philosophy of Logical Atomism", reprinted in *Logic and Knowledge*, London: George Allen & Unwin LTD, 1956.)

(1927)《伯特兰·罗素文选》(1927, *Selected Papers of Bertrand Russell*, New York: Random House, The Modern Library.)

(1929)《我们关于外间世界的知识》,第二版(1929, *Our Knowledge of the External World*, 2nd edition, New York: Mentor Book, The New American Library, 1960. Delivered as Lowell Lectures in 1914.)

(1940)《对意义与真理的探求》(1940, *An Inquiry into Meaning and Truth*, Baltimore, Maryland: Pelican Book, 1961.)

(1943)"我的精神的发展"(1943, "My Mental

Development", in Schlipp, 1944.）

（1945）《西方哲学史：它与从古代到当代的社会、政治情况的联系》（1945, *The History of Western Philosophy: It's Connection with Political and Social Circumstances from the Earliest Times to the Present Day*, New York: Simon and Schuster.）

（1946）"现代科学中的心灵与物质"（1946, "Mind and Matter in Modern Science" reprinted in *Bertrand Russell on God and Religion*, ed. A. Seckel, Buffalo, New York: Prometheus Books,1986, pp. 151-163.）

（1948）《人类的知识：其范围与限度》（1948, *Human Knowledge: Its Scope and Limits*, New York: Simon and Schuster, 1964.）

（1948）"罗素与F. C. 克普赖斯顿神父在英国广播公司的一次辩论"（1948, "A Broadcast Debate on BBC between Russell and Father F. C. Copleston, S. J. ", reproduced in *Classical and Contemporary Readings in the Philosophy of Religion*, ed. John Hicks, Englewood Cliffs, N. J.: Prentice-Hall,1964.）

（1951）《伯特兰·罗素自传：中年时期（1914—1944）》（1951, *The Autobiography of Bertrand Russell: The Middle Years*: 1914-1944, New York: Bantam Book Edition,

1967.)

（1951）《伯特兰·罗素自传：早年时期：1872年至第一次世界大战》（1951, *The Autobiography of Bertrand Russell: The Early Years: 1872-World War I*, New York: Bantam Book Edition, 1967.）

（1955）《伦理学与政治学中的人类社会》（1955, *Human Society in Ethics and Politics*, New York: Simon and Schuster.）

（1972）《我自己的哲学》（1972, *My Own Philosophy*, Hamilton, Ontario: McMaster University Library Press.）

P. A. 希尔普（1944）《伯特兰·罗素的哲学》（Schlipp, P. A., 1944, *The Philosophy of Bertrand Russell*, New York: Harper Torchbooks, The Academy Library, Harper & Row.）

P. F. 斯特劳森（1950）"论指称"（Strawson, P. A., 1950, "On Referring" reprinted in *Philosophy and Ordinary Language*, ed. Charles E. Caton, Urbana, Illinois: The University of Illinois Press, 1963.）

（1952）《逻辑理论导论》（1952, *Introduction to Logical Theory*, London: Methuen & Co..）

J. O. 厄姆逊（1956）：《哲学分析：它在两次世界大战间的发展》（Urmson, J. O., 1956, *Philosophical Analysis: Its Development between the Two Wars*, Oxford:

The Clarendon Press.）

L. 维特根斯坦（1922）:《逻辑哲学论》（Wittgenstein, L., 1922, *Tractatus Logico Philosophicus*, London: Routledge & Kegan Paul. LTD.）

（1958）《哲学研究》（1958, *Philosophical Investigations*, New York: Macmillan Publishing Co., Inc.）

On Russell ———— 后记

本书的翻译由两人合作完成。具体分工如下：陈启伟译导论、第一、二章，贾可春译第三章至第七章以及参考书目。